非凡出版

與彼此的靈魂對話

2020後
伴你走過的
廣東歌

姚慶萬
——
著

推薦序

黃志華

資深樂評人

舊日曾表示，把自己留在上個世紀，意思之一是新世紀的香港流行音樂歷史，要留待後生一輩去書寫。看來，不僅流行音樂歷史是這樣，粵語流行歌詞的賞析，也應要這樣了。

筆者在新世紀不是沒有寫過歌詞賞析的文字，但自從 2016 年 7 月沒有寫《信報》的「詞話詞說」專欄之後，基本上已絕少寫這類文字。而此後是幾乎專心一意的去研究粵語歌早期的歷史以及它的創作理論等，於是有《實用小曲作法》、《周聰和他的粵語時代曲時代》、《本可成佳話——粵語老歌故事及觀賞》、《〇二四三（粵語歌詞創作工具）魔法書》等拙作之產生。也因此，對當代的粵語流行樂壇是非常脫節，只是偶爾知道某歌某歌值得注意。

長江後浪推前浪，寫粵語歌詞賞析的新一代之中，有姚慶萬老師。他是 2020 年代才開始寫粵語歌詞賞析的文字，產量不算多，只是三十餘篇，但每一篇都很有份量。

當代的粵語歌詞作品，要賞析起來，往往並不易為，因為往往會有複雜的脈絡，一闋詞往往跟另一些作品有聯繫，單是向讀者理清其中的來龍去脈，便是難事。有時詞人喜歡用連串意象或典故，如一時失察，賞析起來不免欠完整欠準確。

且以小克為柳應廷填詞的〈坐看雲起時〉為例。欣賞者固然要知道「坐看雲起時」這五個字是來自唐代詩人王維的詩，還需要知道這首歌與柳應廷之前所唱的〈離別的規矩〉、〈自毀的程序〉都有一點點聯繫。也正因為這樣，單看〈坐看雲起時〉的歌詞，未必會明白詞意，必須要看「前詞後理」。再說，詞中還有好些日本景物以至佛語禪語，於是欣賞者還得要對某些日本文化以及禪文化等等有較深的理解和認識呢。讀姚老師這篇賞析〈坐看雲起時〉的大文，便可感知當代的某些粵語流行歌詞，堂廡特大，絕不宜囫圇吞棗，草草讀之。

再以黃偉文為張天賦填詞的〈老派約會之必要〉為例來說。如筆者這些脫節時代歌曲的人士，哪知這首粵語歌詞竟然是用今典，〈老派約會之必要〉實在也是台灣已故作家李維菁的一首散文詩，而黃偉文是刻意藉同一題目，牽涉二者。也由於此，姚老師賞析這首歌詞，是很細緻地穿梭於兩個同名文本之間，讓我們不但深入認識到歌詞的佳處，也饒有興趣想讀讀李維菁的原作。

作為老派的樂評人，筆者是誠意推薦姚老師這本大作，尤其值得向老派的樂迷推薦：當代粵語歌詞，由於受音符繁密之影響，雖然再難見有如 1970 至 1980 年代那類短小精悍的詞篇，但長篇詞作也有出色的，姚老師的賞析文字，正好說出這些出色之作如何蘊含不凡的命意與思想！

2024 年 9 月 30 日寫於無畫齋

小克

填詞人

歌詞之前

廣東歌幾乎全部先曲後詞，所以在歌詞之前，先有旋律。現今大部分主流填詞人都不諳樂理，連簡譜也不一定能讀，旋律收到手，極其量是一堆抽象情緒。填詞人的功能，大多時候，就是把這堆情緒作不同程度的具象化。而當中過程，詞人需要顧及的東西，太多。

啱音合樂，選韻、押韻、轉韻，都關乎「音感」(現在有了「0243」網站，甚至可以作弊)；選材立意、段落功能、切入角度、前文後理、起承轉合、修辭應用，看似高中的中文程度也能應付，但當要嵌進旋律裏，就註定是場搏鬥。還得顧及歌手的形象性格、嗓音特質，避不避懶音？說不說大道理？打不打擦邊球？有沒有人寫過這題材？有沒有人用過這歌名？Hook line 要不要用英文？要不要做系列部曲？口語俚語潮語應否入詞？文風跟曲風是否配合？詞彙有否過時？用不用典故？要不要照顧大眾？想流行抑或想留世？有沒有自己看法？還是只當個寫信佬……要平衡以上種種，難度極高，亦從無說明書，只能跟着直覺盲打誤撞，是場理性與感性間的博奕、左右腦兩邊不停遊走的思考戰爭。

當然還有在詞作問世後如何面對坊間的反應。畢竟歌詞之後，就是詞評，而詞評也有分很多種。姚慶萬的詞評偏向學院派，我起初有留意是因為跟他同為「虛詞」網站供稿。他對文學、哲學及佛學都有認知，總能以其學識替流行歌詞抽絲剝繭。加上他是個詩人，會寫新詩，對文字的敏感度比常人高，才會斟酌歌詞內某個字眼的某種用意，是個較能體會作者心思的詞評人。要知道香港人有多愛鑽研歌詞，而網民批詞時又有多不留情面，加上偶像風潮再起，YouTube 裏任何一首流行曲之下評論，幾乎都是兩極化的盲撐瞎批，鮮有如姚慶萬般，冷靜地為通俗的流行歌詞賦予嚴肅的文學意義，書包拋出一大堆，都是養分，能刺激聽眾作深一層思考，也總算給創作者及歌曲本身討回一點時代價值。

歌詞之前，只有旋律；歌詞之後，就是評論。流行曲如同所有藝術創作，都由私人情感沉澱再面向大眾，過程艱辛又迂迴，說到底只是某一刻的自己，活在某一刻的香港，並以某一刻的情緒呈現出來的某一種記錄，盡了力便算。況且歌亦永有歌命，結論不應單一地只批出好壞。填詞路很漫長，人都活到半百了，深明「毀譽得失苦樂稱譏」，都是陷阱，所謂世間八法，八發八中，不宜上心。空洞內總可掛上藍色窗簾，雞蛋裏亦可剔出隱形骨頭，詞人飲水，冷暖自知。但人心都脆弱，偶爾碰到一兩位懂你的知音，還是會覺得心血沒白費，飲杯！

就以拙作〈豆豉〉這句作結：「評論說／如垃圾／但你懂」。

2024 年 11 月 5 日

何杏楓

香港中文大學中國語言及文學系教授、中國研究中心主任

靈魂相認

知道慶萬寫詞評，是 2024 年初的事。他是我在中文大學中文學部「文學碩士講論會」課上的學生，我們那年的 1 月 12 日在伍何蔓原樓 504 號教室初見。當時他向大家介紹自己是嶺南大學的畢業生，畢業論文討論廣東流行曲，是中學老師，會發表詞評和新詩，講論會的論文也希望談歌詞。為了了解同學的程度，我當晚在網上搜尋到他收錄於《考工集：畢業論文選萃》的論文，看到開首的章節談歌詞的文學性，中段對廣東歌七十年代以來的發展脈絡亦有觸及，文本細讀很用心。

收到慶萬的書稿，第一樣吸引我的是書名——《與彼此的靈魂對話——2020 後伴你走過的廣東歌》。為甚麼不是「彼此的靈魂對話」而是「與彼此的靈魂對話」？是與彼亦與此而非只彼此之間？誰在跟誰對話？是作者也是歌？與共的「與」加「伴你走過」，是何等的親厚。這次慶萬寫的是廣東歌，這其實已溢出歌詞的範圍。事實上，書裏的文本論述除了聚焦歌詞，還旁及編曲、MV 效果和歌者的訪問等，整體的處理很立體。

這本書追求的，是一種靈魂的共振。書名中的關鍵詞「靈魂」，曾出現在書中論及的五首歌，包括〈無門〉、〈怪我只敢做好人〉、〈坐看雲起時〉、〈靈魂有路〉和〈第二人格〉。靈魂拷問、靈魂驚覺、靈魂有路。除了歌詞和歌名，靈魂還會出現在作者的論述中，如他提到有愛的靈魂「散於心裏的三世」(〈同歸於盡〉)。慶萬談歌詞，亦有一種追溯三世的脈絡回置。書中談〈青春告別式〉裏的時間感知和矛盾心理，便把歌詞和黃偉文較早的作品〈青春常駐〉讀成一場對話——從盼望偶像長留到珍惜自身殘餘的青春。

這本書談的既是歌，也是作者跟這些歌靈魂相遇相認的感印和感悟。全書不以詞人或時代為單位，而是把三十一篇曾發表於《虛詞》和《明報》「語文同樂」的詞評分為四輯：「一、生命的七彩光斑」、「二、『愛』是宇宙最大力量」、「三、禪與新紀元的靈光」和「四、唱響自己的靈魂」，談的是禪、是愛、是生命和交換。個人認為第三輯談小克五首，是本書最精彩的部分。我們未必同意作者的解讀，但他提出了一種欣賞歌詞的文學進路，打開了分析的種種可能。

讀這本書，你會發現作者很樂意跟讀者分享他的文學和學術資源。他會在談歌的時候聯想並對照不同的文學作者和作品，如《紅樓夢》、《卡拉馬助夫兄弟們》、張愛玲和夏宇。另外，他會從禪機佛理、神話宗教以至心理學的角度分析歌詞，予人一種中學老師／研究生在跟你談天的感覺。慶萬特別重視文學意象，如分析〈失約巴黎〉時會細讀歌詞中的法國意象，並追溯意象背後的故事——雨果和情人五十年間的情書、鐵塔設計師艾菲爾對妻子的承諾，瑪黑區的華麗精緻和失序頹廢。談陳卓賢〈地球上的最後一朵花〉，亦談到詞裏統一的意象群。

這本書論及的詞人跨越世代，從周耀輝到黃偉文到 Oscar、陳蕾和鍾說，展現了香港流行歌詞的不同風格。近日香港的中學時會舉辦有關歌詞賞析的講座或工作坊，這本書會是很好的參考。到了今天，我們或許不會再用一個是否的方式來問歌詞是不是文學，而是不得不承認我們最早得以接近文學、發現文學，可能就是在那個我們連詩也未學會背的年紀聽到並記往了一兩句歌詞。

歌詞可以帶有文學性，令一種文學的感印和趣味得以流播，文學也為歌詞帶來了不同的養份。我們是我們所吃的、所讀的，同時我們也是我們所聽的歌。那些我們在成長歲月裏聽過愛過記着過的歌，都成就了今天的我們。到底是誰如煙給誰遞過火，誰又有沒有給誰熔掉，也許已經不重要。如果你喜歡聽歌，樂意讀一些關於歌詞的文字，這本書會讓你了解歌詞如何與文學和文學分析相遇。

2025 年 4 月 6 日

朱耀偉

香港大學中文學院香港研究課程教授

本書選論多首廣東歌詞，數代詞人雲集，風格各自精彩，作者分析深中肯綮，詞迷實在不宜錯過。誠如書中所言：「無論你喜歡廣東歌與否，盼你可以找到一首歌安放回憶，與之共震。」

吳子瑜

流行文化研究者

在討論廣東歌的著作有如雨後春筍之時，姚慶萬的作品給予一眾樂迷與別不同的新鮮觀點，當中有文學、佛學、社會意識等多元化的角度，而且內容討論到的都是近年炙手可熱的歌手和作品，絕對是給新舊樂迷耳目一新的佳作。

目錄

第一章 生命的七彩光斑

第二章 「愛」是宇宙最大力量

第三章 禪與新紀元的靈光

第四章 唱響自己的靈魂

後記

第一章

生命的七彩光斑

〈怪我只敢做好人〉

重構自我的反思

林家謙

「自我」既是人面對外在世界的獨立體，同時，當中的思想本性又寓於自己。然而自我並不連貫、完整，這種不連貫導致自我表現會分裂出一個能與他人共存的社會。面對社會種種，縱使不願成為其中一個劊子手，我們或多或少都選擇緘默和順從，遑論各種主流聲音與做法充斥社會，難以撼動。而林夕用一場自我反思，告訴聽者不止證實要自己存在，不止要思考自己是甚麼，而是自己該成為甚麼。

就怪自己太害怕講話　說謊都口震
做我自己太易會得罪　塑膠的複製人

對不起　我想忍

卻不禁　不對事　對人

「怪自己」是一種自我反思的行為，收回對外的目光，將外在遭受的衝擊返回自身內在，這些衝擊來源於自我和客我產生矛盾，由此我們試圖修正自己和社會的差異，進行反思。從小，社會教導要當一個好人，然而何為「好」？不說謊？面對事情對事不對人？無論講話、得罪都是與他者有所交涉，面對這群聲勢浩大的「複製人」，我們無法拒絕，一旦自我價值與社會不同，便是離群的羊。林夕在第一段歌詞寫出做自己很難，用「塑膠的複製人」指斥除了我以外的人，塑膠沒有生命力，恍如無心的人，「複製」就揭露了在社會中這樣的不只一人，而是一群倒模，且毫無個性的人，主流如何，他們便複製成與人無異的樣貌。若從另一面看，我們置身在充斥邪惡的社會，同樣會被惡念的洪流衝擊，當一個大眾認為的「好人」，最低的門檻便是閉嘴不提，當一個處刑現場的旁觀者，就能和社會融為一體。

若靠自己判斷我好壞　怕有失公允

但覺自己太易對不住　某處境的某人

內疚得很　自責得深

如何可　不顧人　請指引

第二段副歌仍舊繼續反思，我會害怕，害怕做不到公允。可以發現，我在下任何決定，都是以社會的目光為先，甚麼是公允？如何不偏袒任何一方？我眼中的壞人，在你的眼中又是否壞？社會有着無限不同的立場，自我又有一套價值觀，當順心作擇時，又如何不得失與之相對的一方。「某處境」和「某人」為第一段歌詞強調立意。是要當一個好人還是壞人？「某」一字為歌詞模糊了好壞的界線，甚麼處境，甚麼時勢，曾經跟隨羊群走了多少路，拋下認為應該拯救的同伴。人是群居動物，社會化的我成為自我的一環，若然跟隨內在，摒棄各種打造好的標籤，儼然將自我割裂，歌詞的害怕，是決定離群索居的孤獨和異樣目光，害怕自己成為不完整的我。內在的我與社會化的自我之間的拉扯，讓我生出自責，誕生歌詞中不斷怪責自我的想法，對不起的不止「某人」，更是和自己的告解。

人　難道需怕善欺惡才可像個人

難　難幻想愛能感化恨

誰　拿着一世平安去行賄好人

扮演壞人　不敢

副歌的「怕善欺惡」、「一世平安」，似乎變成充當社會「好人」的入場券，一句「一世平安」成為了情緒勒索的繩子，將我們捆綁在注視的焦點。人渴望與周遭環境建立並維護和諧的關係，故此思考先以社會眼光為先，當你相信「愛」是宇宙最強大的能量，是恨的解藥，但在二元善惡分明的社會下，又豈敢輕易想像用愛來調和世界。說是要當一個「壞人」，林夕寫出「不敢」來回應。我們過分重視社會給自己的反饋，本然自身就被遮蔽，一旦內心想法與大眾不同，自然容易被定義成影響群體的壞人。當做一個甚麼樣的人並不是取決於自身，而是由社會的價值觀決定自身，受沉濁的社會束縛，錯綜複雜的秩序使我們不得不服從社會權威，久而久之只能折衷自我。

若我自己背叛我的話　我怎麼敢瞓

若我自己也恨我的話　再怎麼敢見人

赤子心　重幾斤

如存貨　可變賣　都吸引

從外在的干預轉移到更為自我的責問，擔當一個「好人」是怎樣的「好」，「赤子心」便是這首歌的答案。背叛自己的良心，輾轉反側，徹夜難眠，甚至恨自己不能遵循內心。聽者千萬，各自活在世界一端，面對不同的社會，我們內心總有那顆最為純淨的心去面對一切，何妨讓赤子心袒露眾人跟前。一顆心臟不過三百克，我們不需幾斤的赤子心，剩下的不如感染他人。「變賣」一詞反映了社會和自己價值觀並不類同，故而能夠將之變賣他人，也是美談。社會是好是壞，良心自知，買賣你情我願，若果對方付出接納一顆純潔善良的赤子心，我們亦不算欺善之人。

誰　曾被手抱後都有抱負　先似人

誰　曾樂得輕鬆變壞人

人　人越想美善想到太多所以

想不聞　不問

面對靈魂　一拷問

令我只　敢做　好人

到最後一段，可用「問心」概括。世間的人盡有不同，有人需要一些經歷，才能活成心目中人的模樣；有人自甘墮落，甘願享受而成為違背道德的壞人。有時想要討好太多，不受千夫所指，想得太多如何成為別人眼中的「好人」，最終只會堆疊成無數壓力讓自己神經緊繃，盼望對一切不聞不問。然而人並不能抑壓內心的一切想法，我們需要承認自己的人性是複雜，不必刻意迎合甚麼，倘若生出不安分，潛藏的赤子心自會引領我們擇善固執，成為心中那個無可動搖的好人。

林夕在歌詞中並未定義「好」「壞」，所謂好人，直心是道場，善惡好壞沒有既定的標準，誠如笛卡兒之言，心靈作為自我的概念，我們要通過自我不斷循環反思，成為自己認為的好人。MV 中的水與火配合告解，便是生活的困頓和試煉，我們違背了自己太多，才需要向信仰脫罪，告解是基督徒向主告明己罪，尋求解救的過程，置於自我，便是對自己的良心懺悔。喪己於物，失性於俗，太受社會的取向引領，只會受外在操控，漸漸失去能夠自我反思的能力，趁還有心讓自己在主客的漩渦拉扯，借用林夕《拼命無恙》序：「平和有時，有時候內心戰鬥太久，要安歇下來靜思。」林夕沒有過分強調善惡，我想甚麼是大善，自有分曉，「好人」，大概是對得起自己的良心，堅持自身的內在價值，問心無愧。

〈命〉別低頭

藍奕邦

由藍奕邦親自作曲，邀請林夕填詞的單曲〈命〉雖是 2023 年才派台，但這首歌早在 2017 年已經誕生。〈命〉的出現，可說源於藍奕邦的不服命，據他所言，當時自己身心均在低潮期，但他對自己說要在這段時間寫「一、兩首好勁嘅歌」，而〈命〉的旋律就在那時寫成，後來邀得林夕填詞，這份歌詞亦讓藍奕邦消化兩年之久，才領悟箇中深意。

活在宿命之間該如何選擇？林夕在主歌的第一句看似奇怪，但其實是以行動的衝突帶出主要探討的命題——命定論。「差錯腳」或許我們會直接聯想到跌倒，而回想，誰在學行時不是搖搖晃晃，似乎自人類出生，「差錯腳」便註定成為學習走路的既定步驟。隨着成長，到後句的「踩過界」與「主導」，就變成我們的生活。林夕以「踩過界」寫出無論做甚麼乖離世道的事，多不合理亦早已命定，即便做甚麼事也似乎由「某種力量」制定好。

出生差錯腳學會怎行路
怎麼踩過界由誰來主導
甚麼主宰個性讓世間難做
我替我算命測出苦海虛無

「算命」一詞同樣與命運有莫大關聯，在主歌中歌者無法擺脫命運的陰影籠罩，命運多舛，這種無力感源於上述的宿命，似乎一切早已註定。故而通過算命也只是得到一個苦海般痛苦的現實，由此，命運讓歌者對世界不再抱有希望。

苦海源自佛教，意為「苦無際限，譬之以海也。」而這宿命與苦海密不可分。佛教強調自業自受，善惡因果的報應不停，此世不報，便流及後身，每一個人自出生已經被以往甚至上一世所做之事纏身，即為業所纏，無論善惡之業，都有牽扯，如此，人的命運（或者遇上的事）某程度也取決因果。主歌顯然因為知道宿命的存在而抱有放棄之態。其實早在佛經《中阿含經》提過若於作以不作，不知如真者，便失正念、無正智，則無可以教。簡單而言，倘若因為知道宿命而失去決定的心，便會輪迴苦海，無可救藥。故我們應該強調自己當下所做的行為，而非過去所作之事。

天有天替他行道　抑鬱迫我會自保

總要將這一條命活到好

灰到黑眼中無路　心中方向會步操

背上的行囊　也輕於鴻毛

蟻習慣低頭　人情願跌倒

因此第二段林夕轉換思維，上天在人間有其大道運行，我們不需理會太多，既然一切由自身行為鑄造因果，那我們更應打理好自己，難得一條命，「活到好」除了是林夕對藍奕邦的勸勉之外，也是對大眾的勸勉。「灰到黑」除了生活的挫敗，那黑便是命運的陰影，而我們心中有着改變的方向自然會有路。背上的行囊與鴻毛一對，行囊本是沉重，但若然我們拋開命運的枷鎖，如山的壓力也會輕如鴻毛。下一句的「蟻習慣低頭」更為精彩，螞蟻通過觸角探索方向，前進時自然會低頭，但換作人走路低頭，配合上句的「背囊」意象，則有認命之意。故此林夕的情願跌倒，是告訴大家寧願抬頭走，也不要向命運和挫敗屈服。

不信因鈣質流逝　摧毀骨氣要跪低

敲碎這脊椎難道會跛

驚膝蓋酸軟的奴隸　注定認誰為上帝

彳亍於爛泥　腦沒法被洗

同樣在第二段，林夕繼續強化不要認命的價值觀。「不信因鈣質流逝摧／毀骨氣要跪低」，林夕從靈到肉，諷刺那些甘心向命運低頭而放棄人生的人。其後配合旋律發出反問，敲碎脊椎即「無腰骨」，粵語中「無腰骨」有「無骨氣」之意，加大力度諷刺那些頹廢放棄，認為自己在數難逃，不能堅持的人。既然如此，我們便正面對抗命運，憑自己重新種因果，改變未來的命運。此句林夕巧妙在於運用脊椎配合前面提到的抑鬱。研究發現，挺直腰骨可以助抑鬱症患者能提高精力、提升自信、熱誠、集中力。因此如林夕所寫「彳亍於爛泥／腦沒法被洗」，走在泥濘地，也不能因為看似寸步難移而放棄，人每日像和生活打泥漿摔跤，蠕蠕而行，終能走出沼澤，又何懼遇上不公的事迫我們放棄人生。

遺傳甚麼基因先會嚇醒
誰又被迫天生膽平命正
無懼面相差　怕的只是鏡
未能認的別承認　不是命
為懸命不懼貧病　不認命

知命不需信命，副歌第一句先用「基因」叩問甚麼人才不會受到恐嚇而從安睡中驚醒，我們會相信命，有人出生口含金鑰匙，有人只能拼命活着。但這不是我們輸給命運的理由，接續的「膽平命正」來自粵語俗語「膽正命平」，有見義勇為、視死如歸之意。林夕加上「被迫」二字，便帶出身處惡劣環境，我們只能被迫英勇，改變自己的命途。下一句的「面相」和「基因」、「算命」一樣，牽涉命運，但林夕在此句依然改變心態，無懼天生的命有多壞，鏡中面相不過鏡花水月，我們相信所謂命運的存在又如何，其體虛幻不實，又何需將注意力放在虛無縹緲的命運上，正如「未能認的別承認／不是命」。

遺傳甚麼基因先會嚇醒
誰又被迫天生膽平命正

無懼面相差　怕的只是鏡
未能認的別承認不認命
為懸命不懼貧病　未曾驚
遺傳甚麼基因先愛血腥
誰人樣子天生不能入鏡
誰話運氣差　去他的話柄
未能認的別承認　不認命

到後面兩節副歌，林夕加強文字的力量，「誰人樣子天生不能入鏡」沒有人的命爛得不能活。「去他的話柄」，不必將命理之說看成左右我們決定的話柄，到最後的「叫聲」和「尊嚴亂掟」形成對照，努力活着的人，甚至動物，尚且能夠為自己發出聲音，其側重於以自己的意志行事，相反盡信命者只能逐漸將為人的尊嚴放棄，成為命運的奴隸。

各有各會拼命貓狗都有叫聲
各有各怨命都將尊嚴亂掟
垂頭望廢水　照的不是鏡
未能認的別承認　不是命
病人預測運和命　為何聽
病還病不懼貧病　不認命

「垂頭望廢水／照的不是鏡」，林夕最後坦然承認命運存在，可那又如何？〈命〉的定位就是從命運忐忑出發，契合藍奕邦當時的人生和心態。低頭看着一灘死水，就是我們的命，我們的生活，是否意味我們就該放棄？但無論命運真假虛實，我們只有一個選擇，林夕在下一句也寫上答案。「病人預測運和命／為何聽」是林夕最後的答案，重病患者預估或推算自己身體，大概率不會得到好結果，猶如我們大部分凡人，活在艱難的世上，誰又能推算自己往後大概率一帆風順，既然以概率猜測，也知道自己得到的是壞結果，那為何要聽？不如嘗試打破成數，爭取那小概率的奇遇發生。病還病，生活的壞我們要接受，卻不是躺平放棄，而是要像林夕所寫的——「不認命」。

講因果而又不落宿命，首要是知命，方可知道自己前路怎樣抉擇，但不是盡信命，若然成為傀儡，我們只能受困因果，積累傷害自己的惡業，永在苦海之中行屍走肉。

〈盡力呼吸〉

望清荒謬，將坦白滲透生命

岑寧兒

〈盡力呼吸〉由周耀輝填詞，是 ViuTv 劇集《身後事務所》的主題曲。歌曲予人一種平靜療癒的感覺，呼吸一直跟隨歌曲的節奏，慢慢放鬆。這讓筆者想到岑寧兒在《明周文化》的訪問中提到「我不是刻意去說要寫治癒的歌，但音樂對我來說是治癒的，我也是被它治癒的。」可能正因為岑寧兒看待音樂的想法，讓〈盡力呼吸〉的旋律從開初便蘊含了輕柔的靈魂，配合周耀輝詩般的文字，為歌曲昇華到無懼面對生死絕望，以至到生命的探問。

歌曲能夠讓人產生共鳴，是因為其能令聽者產生一種「普同感」(Universality) 的感受。所謂「普同感」是一種心理現象，很多人都會有焦慮不安的想法和嚴重的孤立感或其他人所不能接受的問題，並且認為只有他自己擁有這些問題，所以使他們在人際關係方面無法擴展。這是心理疾病之一，而治療的方法是將患者安放於團體中，那些病患們會慢慢的坦露出自己的憂慮，因為彼此開始發現自以為自己才面對的憂患，其實普遍大家都有，進而和其他病患產生共鳴，彼此康復。當然，很多歌曲都會讓人產生共鳴，但〈盡力呼吸〉的歌詞把聽者心中一種對生命的不安勾了出來，才讓人知道不止自己對生命帶着恐懼，其他人也帶着恐懼，包括歌者。歌詞的認同，能使聽者更進一步檢視自己生命的愛恨錯雜，是一首能夠治療人心的歌曲。

我懇求
時間也許如風　記憶如沙
半生如今　但誰在心頭
期待我能好好到盡頭

歌詞第一段，先提到歌者活了一段時間，現在只希望時間可以像風一樣吹過離開，記憶如沙般流走，不作停留，揭示歌者對世界並不留戀，只希望趕快完成這趟生命，匆匆離場。歌者的人生記憶顯然不抱快樂，才希望痛人的記憶如沙，仿似在手卻捉不到半分留下，也不值得留念。這是對生命的情緒作隔離，因為歌者害怕再受到情感傷害，故呈現對人生冷漠的狀態，減少情緒涉入才能從容。從旋律方面亦能感受到，開首配樂不強，營造歌者獨白的感覺，這種淡然的調性，便是害怕投入生命。

而「但誰在心頭／期待我能好好到盡頭／好好感受」這句可以發現詞人用了「誰」一字，這裏的「誰」有可能是與潛意識的無形對話。潛意識對生的本能，引導「我」要好好活到本該預設的盡頭。如佛洛伊德的「利比多理論」（Libido），對生命的原慾在喚醒自己，去追求生命，整合自己，才會出現「誰」與我們對話。法國的心理分析理論家拉岡提出過存在是一種生命異化的過程。我們會受到社會各式「語言」的異化，為了迎合他者，壓抑自己的想法，漸漸便會對世界失去知覺，沒有喜樂。很多時候我們都活在這個自我建構的象徵與想像中，無法觸及自身的本意，隨着世界大流走着，慢慢一切否認、欺哄、壓抑的傷害會轉嫁到我們表層意識，繼而形成歌詞第一段的無感與掩埋的痛楚。而每一個人都受到世界影響，建立一套自己的語言，我們潛意識的真實亦會與自己產生衝突，很多時候對生命的痛苦恐懼由此而來。歌詞讓我們開始觸碰痛處，明白不止自己受着靈肉衝突，故此到「誰」一句便提示聽者要從歌詞的帶領下開始拋開對自己的虛假，由「誰」去喚醒聽者潛藏的自己，好好感受自己和生命。

盡力呼吸
在望清之後　亦呼吸
在認出之後　亦呼吸
縱是最後　背影越來越瘦

並未消失
在離開之後　便哭泣
在留低之後　就別焦急
在我身後是宇宙　是以後

副歌第一句叫我們如何做？盡力呼吸。呼吸指代生命，讓我們盡力去活着，即便知道世界殘酷，甚至了解、感受到世界殘酷，亦要活着不要放棄。望清與認出是一個層遞，在我們年少時，會有人告訴我們世界吃人。剛看到世界的黑暗，我們會開始不安，到後來跌入世界的漩渦無法抽身，亦不要害怕，即管盡力生存。

「背影」是自我的幻想，面對世界並不容易，流言蜚語、生活艱難，我們決定活好每一天，換來的便是要堅持世界一波波的浪潮沖刷，即便偉岸的身影，也會慢慢萎靡，慢慢衰弱。我們會害怕到達如斯境地。這是本我與超我的衝突，自我違背社會而受痛苦的感受，是源於拉岡和紀傑克所提出，群體的心理機制。社會語言對我們施加一切「道德」，構成上文提到自己建構的社會，即「社會幻象」(Social Fantasy)。我們作為個體生活在現實，很常受到經濟剝削與道德壓抑，每天遵循着現實原則，循規蹈矩，便不斷延遲獲得快樂。社會在眾人的自我壓抑下安然發展，沒有人打破幻象。但當自我不能再壓抑時，便會成為違背社會的瘋狂，導向暴力，甚至死亡。佛洛伊德認為我們為了社會，需要犧牲本我的性慾衝動，此處的性慾衝動，是筆者在上文提到的關於生存的「利比多」，故此我們在自我和超我的衝突間希望放棄生命。但詞人告訴我們，堅持活着。至於副歌下半段作用主要在於呼應劇集，言談生死，即便死亡亦不要哭泣，倘若活下就不要替任何人焦急，好好感受每一下呼吸。即便離世，死者亦從未消失，甚至死亡後所面對是一個無垠無限可能的宇宙，所以死亡不是完結，勸喻大家坦然面對，不論生死抑或每個難關。

可以荒謬　時間瞬間停止
醉生夢死
瞬間如一
但誰在心頭
期待我能好好到盡頭　揮揮我手

此段主歌主要一句在於「瞬間如一」，歷經生命的種種，自然能屢屢感受醉生夢死，但不管是好是壞，統統會歸於一致。此處筆者希望以佛法略作解釋，《圓覺經》云：「狂心若歇，歇即菩提。」我們面對的聲色犬馬皆是「狂心」，會動搖我們初心的想法，因此我們需要學習將所有感受匯聚一心，非煩惱心而是智慧心。只有將自我統一，才可以探問真正的自我，不然社會只會有不同的「語言」影響我們，激起更強烈的衝突。至於「誰」，可以是自己的潛意識；套諸劇中，亦可以是面臨生死邊緣的一位勸導者。

沒甚麼依舊　桃花依舊　在呼吸
是望不清抑或是認不出
愛恨過後

沒甚麼保佑　自己守候　活三生
是離不開抑或是留不低
在我身後是宇宙　是以後

「桃花」象徵是到人面全非之際。縱使社會全然不同，人物風景悄然改變，我們同樣不能放棄自我對生命的尋求。經過世間萬物萬事，我們該像桃花般笑看春風。「哪些仍然未有」是一句反問，愛恨便如上段歌詞醉生夢死一樣，我們歷遍好壞對世間還有甚麼不清楚的？我們從年少便已知道世界黑暗，既知道何不面對，痛苦、無助。恐懼不是突然來襲，並沒有讓我們措不及防，所以儘管用自我的本源面對世界。傷害我們生命的有很多，包括世界，但沒有神明或任何人會完全守護我們的生命，我們需要自己去保護生命。「活三生」一句，筆者認為詞人提出人會在世間輪迴，所以無論離開或留下都會重臨這世上。輪迴的理論中，命定論可以說是其根本立場。生命是一個生滅不停，死後又生的歷程。命運好壞隨人感受，受限於個人習氣的影響，有些命運不能脫逃。因此懂得處理自己的人生態度就是生命感受變化的拉桿，態度若執於愛恨情仇中，那麼下一世會繼續甚至承受更多業力的回報。因此積極對待生命，不要讓恐懼撥動自我，而是整合對世界散亂的感知，釋放自我對生存的渴望。佛教因果業報論正是命運有定數的理論，且是有因論的命定論。既然業報不爽，那麼生命的真正用意就是發覺自我，追求更為自由的我，不被超我虛構看待世界的一套束縛。

我懇求　時間也許如風
記憶如沙
半生如今
但誰在心頭
期待我還可以過後還會有　如初秋

到最後一段，詞人將最後一句改寫了，而筆者會執重於「初」字。整首歌到最後是詞人的寄託，當聽者想通生命的既定，便應該好好活下去感受生命，既然生命不斷輪迴，那就是需要再次承受同樣的痛苦，何必為了這生的痛而去追尋來世的苦。感受自我生存的樂，如一開始降生，一塵不染。

在岑寧兒的訪問中，她也提到自己為問「自己是誰」，用音樂探問真實的自我，希望透過分享音樂，讓別人用音樂陪伴自身。據她而言，〈盡力呼吸〉是源於岑寧兒陪了周耀輝和他患肺病的媽媽一段時間，後來寫成。歌詞本身限制和篇幅，讓聽者的可能變得可以無限延伸。正因如此，詞人沒有在歌曲言及病患，是盼望由疾病到人生，讓更多聽者取得共鳴。岑寧兒對自我的未知，透過音樂探問自我存在和想法，令聽者亦可以在聽歌時受到她的感染，坦白自己的生命。

借用海寧格在《愛的序位》所寫，「如果有人像你這樣，從老遠還找得上回歸的路，他必是深愛這豐饒的大地！他知道一切生長的亦將會死亡，而在死亡中去滋養那依舊存活的。而我，將遵循大地的法則，細心照顧我的花園。」我們知道世界混沌，知道自己終將消亡，自己會再受無限的痛苦，但是仍然留在生命，因為應該感受、應該表達的仍有很多，我們需要的便是遵循生命活到自然的盡頭。

〈後人類的美麗與哀愁〉

鐘響後的寂靜

李幸倪

「最後／還是退後」，因為作曲人林家謙 demo 中的一句，讓李幸倪 (Gin Lee) 邀請周耀輝填出〈後人類的美麗與哀愁〉，如她受訪時提到，希望用這首歌，煉取出療癒方案來填補心靈缺失的一角。

「後人類主義」作為一種對人文主義的反思，植根於人文主義中。許多時提到的後人類都與科技掛鉤，超實體的時代，技術、科技與人不再有明顯的界限，甚至延伸到人性的演化與界定也需要重新思考。而周耀輝在歌詞中雖有用到「預算」、「預測」的字眼呼應後人類主義和科技，但歌詞顯然並非想探討後人類與人文主義之間的衝突，反而是借由

「後」一字，來處理人內心的交叉與困境。人類如何選擇，如何學會處理內心的去與留，方可讓自己精神進化，成為另一種非與科技融合的後人類。

按着預算中的節奏
可去到日後
對着異世中的戰鬥
不止不休

然後時候就到要學盡快放手
還是想得到最好請記住能夠
撐下去　就有

人一直追求美麗的事物，歌詞的「預算」、「節奏」、「異世」都有濃厚的現代科技風格，用以連結「後人類」，人「預算」自己未來，經濟、能源、政治、甚至命運，統統都希望通過推算，從而得到最優選擇。為着自己需要的、人類無休止的貪婪前進，故此周耀輝在下一段以「放手」作為反思，彷彿提示人類該棄其餘魚，節慾知足，不能得寸進尺。但下句「還是」一詞則將上一句的「盡快放手」放在對立面，切入歌詞主題，討論人的去留、人的抉擇以及打破慾念衍生的精神困頓，成為不同於傳統概念的後人類。

最後最後　最後最後
還是　退後退後
這是美麗與哀愁

而全是去留

未準備好已站於路口

撐得到最後最後　最後最後

還是　退後退後　才得自由

就怪我太多溫柔

太多的承受但願放棄

還是別放棄　就有

頭兩節副歌周耀輝寫出人面對抉擇的兩難，我們得到渴望的美麗，同時承受不少磨難。我們不能只渴望得到美好的事物，美麗和哀愁或許是共生。美麗與哀愁是川端康成筆下重要的概念，而歌詞精神的糾結和川端康成筆下主角重合。《雪國》的島村覺得一切徒勞，而當他前往雪國幽會，面對葉子，駒子的美麗，他必須投身「寂靜，虛幻，潔白被虛無的黑暗吞噬」的哀愁當中。葉子與駒子同樣是美麗與悲哀的共同體，「把島村從老遠的地方吸引了來的這個女人，卻有着深深的哀情」，兩位女主角是美的宿主，卻又在生命屢現哀愁。「全是去留」的「全」亦可指涉美麗與哀愁，任憑如何選擇，最終都不能落下任何一個。

「才得自由」是歌詞的重點，「才」字意味尋找方法得到自由，此處的「自由」筆者認為不是歌詞中一直提到的「美麗」，而是詞人希望我們跨過美麗和哀愁的困局後獲得的真諦。故下一句才接上「就怪我」，怪我希望擁有美好之物，同時逃避承受痛苦，徘徊放棄與堅持之間拉扯，很多時候尚未計算自己得到多少，已然要下定抉擇，如《雪國》第一句

「火車在信號所前停了下來。」眼前是滿天星斗閃閃競耀，我們卻在路口徘徊躊躇。

糾結到心頭
突然認真到盡處回首
如何沒有一絲悔疚
走到這一步我想問
這一次能否

最後最後　最後最後
還是　退後退後
這是美麗與哀愁
而全是去留
能如何在過後過後別回首

最後最後　最後最後
還是　退後退後
渴望美麗怕哀愁
而人類強求
活在今日總要預測以後

到最後兩節副歌，承接第二段主歌延伸的回首與悔疚，人會後悔，是我們意識到世界存在無限可能。我們常會事後建構一種「本來可以這樣，本來可以那樣」的假設，開始懷疑自己的選擇，把真實結果和一個可能發生且比真實結果更好的假設結果作比較，這種比較會帶來一種失落感，繼而誕生出不安和後悔的情緒。而副歌強調的便是人應當學會如何在過後別回首後悔，或者留戀當初放棄的若干選擇。

我們渴望得到美麗的結局，害怕哀愁，踏入科技時代，好好活在當下，卻試圖預測日後的進程，希望由此得到最好的結局。然而結局萬千，每一個未來我們都無法切實觀察，只能猜測，根本不能百分百如願得到預想中的結局。事情發展之前，我們永遠不知將來會變好還是變壞，人卻會為此糾結煩心，作繭自縛，困在路口不知去留，越陷越深，我想這是詞人希望我們可以反思，學會選擇，然後堅定內心。

爾後的「不休」呼應第一節主歌的「不止不休」，甚至在這段副歌強調人類對於生活和將來執着，執着選擇拿株最好的麥穗，變得瘋癲也不停止。不悲過去事，未來勿憧憬，持身現在，我們需要思考的不是哪個選擇對自己未來更好，而是決定自己要甚麼，該感受當下擁有，向未知的前景踏出，尋找更多溫柔與成就，然而無論進退，心靈自當壯大，而非立於原地不進不退。

甚麼最後最後　退後退後
總是想到瘋了也不休
太多溫柔
太多的成就未得到過
還是得到過　就夠

茫茫的　一生多長久
用半生追問　能否

花上自己大半輩子無休止的追求所想，付出的代價是否值得？周耀輝在歌詞最後留下空白，「能否」，應該追求嗎？能夠追求到嗎？還是該退？當我們詢問內心該退還是進，恍如敲響內心的鐘，鐘聲餘韻後的寂靜，便是歌詞留下的開放思考，一如 MV，究竟按下按鈕後遇到是重生還是凋零，無從可知，但越過自己的心靈的困境，人才可突破精神的桎梏。

〈無門〉

打破虛構的「烏托邦」

per se

甫聽〈無門〉，腦海便自然聯想到 per se 的歌曲，旋律伴隨歌詞，一種隱喻的風景浮在眼前，讓聽者希望沿着歌曲探索更多，當然，填詞人王樂儀同樣功不可沒。承接〈粉碎糖果屋〉的童話路線，〈無門〉的取材也來自童話故事──《藍鬍子》。故事當中的好奇、慾望、血腥皆呈現在歌詞，讓我們可以細味童話與現實的交錯。

虔誠能安於烏托邦
為何仍偷窺可怕的暗角
如渴望　如肚餓

虔誠能醫好一些痛楚
為何仍奢想風的探訪
耳邊是你　哼着兒歌

歌曲開首一句用了「烏托邦」和「可怕的暗角」形成張力，烏托邦自然是一個理想的無何有之鄉，但何解我們仍要在本能的驅使下嘗試接觸暗角？是烏托邦有問題？從這裏我們便開始認為烏托邦並非自己想要，或並不適合自己。談及烏托邦的猜疑，劉再復在《自由與文學》的序提過「高行健和我這一代大陸知識人，從小就接受『改造世界』的宏大理念，也可以說是『抱負』與『使命』。這一理念付諸實踐，產生的是烏托邦狂熱與暴力革命崇拜……」第一段中「虔誠」一詞同樣可圈可點，我們需要虔誠，如同劉再復提及接近宗教狂熱的相信。在歌詞中，這代表假設我們產生異心，就不能待在美好的烏托邦，被規條限制，不禁反思，這樣的「烏托邦」可以稱為完美嗎？第二句延續氣氛，只要虔誠，甚至連痛楚都可以遺忘，紓緩肉體痛楚，快活得能放下心中痛楚。即管有此神蹟，本能仍舊驅使我們接觸烏托邦的外界，即使在這裏如同童話故事、兒歌一般純真美好。至於「風」，筆者認為是一種長久局促之下的渴望，要維持這個所謂「樂土」，必須用規矩維持，我們處處受制，內心便渴望有一股自由的風慰藉我們，帶走我們。耳邊一直有人灌輸「美好」，灌輸一種意識形態，塑造我們並不能夠離開這樂園，從而對這不知名的地方產生崇拜，不敢違抗，讓我們有一種如劉再復所言的心態，對烏托邦有期盼。

無意找到一抹血的痕跡
那種紅色　滲出縫隙

門前有一切挑撥我的神經
渴想無聲　寧願清醒

到副歌沿着血的痕跡尋找到「門」，這便貼近《藍鬍子》的劇情。故事中女孩打開房間，看見血流遍地，方知道藍鬍子的秘密。然而不需要打開，代表殘酷的血液已經從門縫警示我們，門外的動靜開始挑動我被「兒歌」催眠的神經，不希望有人再在我耳邊灌輸規範我們思想的意識形態。「意識形態」的功能在於維護現行秩序，「烏托邦」則在於反對這種上位者管制的秩序。當「烏托邦」需要被意識去粉飾時，我們就會開始懷疑身處的地方是否真正適合我們，即便是刻意建構的「烏托邦」。

如前頭根本不透光
如前頭只得冰凍的雪國
祈求仍天真的拓荒
哪怕　終於　滿身有血　如駭浪
沖散着快樂

終於我們希望打開門，血漬可能會讓我們害怕，害怕前面有不同的劫難、困境，前路充滿未知。清醒過後，幸得一顆天真的心仍在，就堅定了逃離「烏托邦」的想法，因此哪怕需要拓荒、哪怕不快樂、哪怕現實殘酷得如同《藍鬍子》般血肉淋漓，我們寧願活到渴望的好奇，渴望的真相之中，這比一切遠來得重要。

懷疑無盤古之初
懷疑童謠詩歌

如何能重新相信你安心躲於被窩
懷疑無時間季節
懷疑靈魂骯髒
如何能重新擁抱你假裝不想說謊
我不是我

盤古之初的歷史、所有的童謠詩歌、乃至整個世界的日月星辰會不會多是假的？歌詞用了幾個道具概括了我們對世界的認知產生懷疑。這裏便呼應第一句的「虔誠」，如果我們一直深信烏托邦所灌輸的訊息，大抵就風平浪靜。但因為本能、因為滲透的血，讓我們知道門外有一個完全未知的新世界，也使我們對「烏托邦」的信仰產生動搖。而回到第一句的「安於」，不僅僅是「烏托邦」不包容我們，更多是自己讓自己如坐針氈，在這地坐立不安，因此也不能繼續自欺欺人，「我」不再是當初只接受意識的「我」，「我」也開始有渴望，有自己的思想。

無意找到一抹血的痕跡（看着看着看到異國）
那種紅色　滲出縫隙（那麼神聖）
門前有一切挑撥我的神經（碰着碰着碰到絕嶺）
渴想無聲　無盡風景

懷疑無甚麼黑房
懷疑無門可鎖
原來門前的只有我不敢跨出更多（轉眼不見你的痕跡）
懷疑無城市世界
懷疑無人可鎖

原來門前的一抹血歸於新的遠方

更寬廣

第二段副歌強化了門外的光景，比起第一段，我們看得到門外有甚麼，或許是幻想，但仍舊是一種希望。隨後碰到絕嶺就令門外整個世界更加真實，不是天下太平，而是有風景亦有難關。甚至連「烏托邦」、「意識形態」、「人」統統都是自己畫地為牢，一切不過是我們加諸在自己身上的枷鎖。歌詞最後便鼓勵人，所有東西均沒有界限，沒有人、沒有物件可以真正被牢牢套死，只要自己願意踏出自己幻想的「門外」，便可以去到寬廣之地，更是心境的寬廣。

在 per se〈無門〉歌曲簡介中有一句「而我們的好奇與慾望，根本無門可擋，無門可鎖。」究竟我們的好奇和慾望是甚麼？每個人也不一樣。有恐懼是人之常情，不過很多時候值得恐懼的除了恐懼本身，就只有自己的庸人自擾。回想初生之犢不畏虎，面對好奇，我們勇於探險；為何長大了，卻開始被世界、被別人、被自己控制，不再鼓起勇氣，跨出一步邁向外面的廣袤。

〈無門〉的烏托邦儼如 per se 之前的〈波斯雅〉，承諾的烏托邦最後不復存在，這次大眾渴望的「烏托邦」卻不是大同世界，而是一個規限自己尋覓於探求的意識。倘若配合歌曲 MV，相信各位可以感受到更多創作者的想法。單論歌詞，留給我們的空白處就更多，我們可以填上的色彩，亦可以更豐富。

〈隨波逐流〉

水系人生

洪嘉豪

從洪嘉豪出道的第二首派台歌〈掉進海的眼淚〉，到 2022 年接連推出〈污糟兒〉、〈海邊的阿豪〉、〈還原淚〉等與水有關的歌曲。2024 年洪嘉豪再度以水為題，以〈隨波逐流〉跟大家訴說不是水象星座的水象男孩故事。

假使把我染色
一息間會染污本性
假使倒進冷冰
一息間會平伏我熱情

溢入哪處修正

期望得到半句回應

無奈只得某個倒影

包容一切卻無力自救，主歌先是接連帶出水的特性，「假使把我染色／一息間會染污本性／假使倒進冷冰／一息間會平伏我熱情」。柔順而不爭，水能適應萬物之態，無論顏色與溫度，水都容易配合周遭環境，不會固守自身形態。一段主歌已見填詞人 Oscar 一貫用詞風格，豐富而具象，採用大眾常見形態，寫出水的不爭性格。但水不爭，又伴隨無法抹掉的無力感，「溢入哪處修正／期望得到半句回應／無奈只得某個倒影」想着重新變回清澈透明，然而水的無力卻無法為自己重回當初。漂浮人生，我們總會受環境影響，有時候回想本心，一股純粹的快樂、又或者熱血在記憶流動。當想將其帶回現實，卻似乎會令人更加沮喪，因為你會發現，早已無法將自己變回當初的清澈。

不懂怎去說清

只懂因變化給反應

洗不走怨懟聲

偏沖散化開舊有憧憬

即使說這是命

亦明白巔簸裏浮沉過

為看風景

第二段主歌「不懂怎去說清／只懂因變化給反應」，Oscar 取了水的柔順，甚至為其塑造一種內向的性格，逆來順受。對洪嘉豪而言，出道至今飽受質疑，面對批評的他沒有奮起反擊，反而默默繼續推出歌曲。「洗不走怨懟聲／偏沖散化開舊有憧憬／亦明白巔簸裏浮沉過／為看風景」，若果歌詞寫出洪嘉豪的心聲，那麼在當歌手的路上，這位水象歌手卻被音樂沖離自己的軌道。我們可以看到以水作象徵，Oscar 能夠細膩描寫水的不同特徵，且兩段主歌銜接自然，帶出作為水的包容，但在其中水卻不能「自救」。每一個人都難以順應自己的生命行走，在游離跌宕中，一句「為看風景」又能否可以看盡無力感？水很偉大，甚至歷來哲學家都歌頌水的形態，「上善若水」、「遇水必觀」，但人有否想過，水如何想。子非水，當我們自詡要如水，卻發現當真的如水，也無法阻止時間流逝，更無法阻止別人對自己的一切行動，如同歌詞的抽乾、溝淡、變酸。水也需要半天空檔喘息，人類也是。

人海淹過我　掏光了我
流徙與下墮　無法負荷
求可蒸發我　回歸透徹　可以麼

落到海中我會更自由
再不需因批判顫抖
再不需天天和誰鬥
開心傷心不說借口
可以默默地　悠悠沖走污垢
輕鬆過就夠

人海淹過去　游走哪裏
流於赤地上　如一點水

而水中有我　仍可有我　在應許

不管快樂　再來又去

簡單做回海的一滴水，其實〈隨波逐流〉編曲沒有明顯將主副歌區分開來，尤其第二段副歌之後，這與水的延綿相像。副歌不長，「人海淹過我／掏光了我／流徙與下墮／無法負荷／求可蒸發我／回歸透徹／可以麼」。水能處下，居眾人之所惡，但水又是否一直自甘卑下，包容一切厭惡？顯然不是。在圓為圓，在方為方，水沒有野心，人生有時候只想簡單，像一滴水在大海，自由自在，不被一切影響，如歌詞「可以默默地／悠悠沖走污垢／輕鬆過就夠」。洪嘉豪亦直言，自己作為歌手，只想做做音樂，像一個普通人一樣生活。故此歌詞最後寫出「不管快樂／再來又去」，在大海暢游，成雲後沖洗大地，再度化雲落入大海。人生就該如此簡單，偶爾回到舒適圈並無不可，人浸在水裏，能洗淨自身的污物；水落在水裏，讓自己重回清澈，放低路上染上的怨恨，又可以重新逛遍世界，這才是真的看風景。

聽完一首歌並不會讓自己重回清澈，但我們需要尋找可以讓自己逃離壓抑的方法。水會被蒸發，污垢不會，像歌曲文案所寫，「終於被蒸發掉後，便能降落到寬廣坦蕩的海洋，在一片安寧之中自在快樂。」。

〈一人傍晚藝術館〉

將生活變成藝術

陳柏宇

或許因為疫情或移民之故，「一個人」較以往更常成為流行曲的題材，例如岑寧兒的〈一個人走走〉，以及林家謙的〈一人之境〉。填詞人 T-Rexx 為陳柏宇量身打造〈一人傍晚藝術館〉的歌詞，如他所言：「將 Jason 學唱歌或做喜歡的事情時那份投入、自在與自然，轉化成歌詞中一個人在某時段某地方的一種寫意狀態。」

閃過了舊派意念

冰室裏鴛鴦放糖提煉

開了半面窗馬路放電

亂髮下　亦帶有詩意

一個人浪遊
一切餘韻像嚐過美酒
這美學不要別人給我解構

將日常生活寫意化，你又有沒有替自己的心聲裝扮過？心聲會是種種之貌，會混合了孤獨與快樂的自己，試試讓自己釋放「一人」的時光，將生活化作一場藝術。主歌簡練刻畫一個寫意的畫面，在冰室靠窗而坐，陣風吹過頭髮，雖亂卻享受。拋開自己的煩亂，自然煩惱絲也可以用作裝飾自己的生活。然而每一個人的美學都不一樣，如歌詞所言「這美學不要別人給我解構」，要在生活中尋找愜意，只能按照自己的步伐。「探索這空間／無法定向地慢行／不需跟餐單／隨我的想法來發辦」，每個人逛藝術館、博物館都有其所鍾愛的展區，又何須定向循着館中的路線，生活中喜歡甚麼就去享受，也不需要受制餐單的套餐捆綁，自行感受生活中自己願意停留的地方。

高檔貼地的格調
不需太鋪張　向誰炫耀
即興按着心態沒意料
任意地為我拍張寫照

一個人落場
一切餘韻任由我鑑賞
這美學不過用來給我滋養

歌詞「即興按着心態沒意料／任意地為我拍張寫照」，將城市、生活變成一個藝術館，或許會看到以往未曾發現的社區風景面貌，一如藝術館的展品為你帶來不同的驚喜。

「還未到夜晚／未算很晏」讓我想起在古典詩歌中讀到夕陽的悲傷，西斜總是予人一股遲暮之感，不論是李商隱《登樂遊原》的「夕陽無限好」或劉禹錫《烏衣巷》的「烏衣巷口夕陽斜」，都流露日薄西山，氣息奄奄的氛圍。但歌詞卻以另一面帶出生活的悠閒，傍晚悠悠，享受下午茶與微風的眷顧，即使臨近晚上也不需惆悵，因為生活的好時光尚在，天色尚未黑透，便有着屬於當刻詩意的感覺，不必覺得淒涼。

備忘錄滿是日程
還是要任性
留白這傍晚為片刻盡情
像存活也需感應
始終需要火花作證（始終需要這未設置路徑）
平衡原是有着各種顏色（讓每秒陶醉　得清晰）

探索這空間　無法定向地慢行
不需跟餐單　隨我的想法來發辦
最放肆一刻　能夠暫借別奉還
沉悶過後要　自我一番

探索這空間　城市內放任慢行
古典跟新曲　和聽海風也隨我揀
細節與反差　陪我獨個望落霞

還是你亦會　洞察到嗎

就試試學習歌詞所寫的，將放肆寫意「暫借別奉還」。「留白這傍晚為片刻盡情／像存活也需感應」，古希臘哲學家伊比鳩魯（Epicurus）提過：「不要因為渴望你沒有的，而錯過你已擁有的。」既然時間屬於自己，便空出一段時間，證明自己不只在生存，而是在生活。

孤獨與獨處並不同，獨處使我們不必理會別人的要求，選擇自己的生活方式。香港素來強調效率、利益、便捷，亦因此我們很多時候都對城市過分冷漠，人際關係和人與城市的關係都很疏離。焦桐在〈擦肩而過〉尾節寫：「插滿碎玻璃的圍牆太高／一個人在思維裏散步／不得其門而入」，個體與世界有太多障礙，找不到愛上生活與城市的路。城市的黑白、光影、符號、靜與動之間都在不斷轉變，我們難以跟隨誰的喜好和美學，在城市內放任慢行，歌詞「古典跟新曲／和聽海風也隨我揀」正是這個道理，有人喜歡老派，有人喜歡新潮，時間只有一剎，魚與熊掌向來難以兼得，故此自己的心才是最好的導向。有時候獨處才可以找到屬於自己在城市裏的桃花源。

繼續延伸下去，當我們有了需要獨處的時間，是象徵我們遭受遺棄、遺忘，承受孤單，還是我們希望能擺脫世界的束縛、才替自己閒暇出一個「傍晚」的時間，以自由去感受屬於自己一個人的藝術。或許我們都很容易忽略專屬個人的美，但歌曲最後的和音可以聽出陳柏宇刻意與和音錯開，帶出歌詞中一人的含義，走出自己的特色同樣是一種藝術，不受城市約束，空間限制，心之所向，才是藝術與詩意。

〈*~Silencio‧‧Shh〉

發動咒語面對煩擾

邱彥筒

女團 COLLAR 成員邱彥筒（Marf）首支個人單曲〈*~Silencio⋯Shh〉由藍奕邦填詞，Rap 的部分則由邱彥筒親自填詞。面對智能時代，網絡言語橫流的世界，不少歌手都以歌曲回應，其中包括盧瀚霆的〈EGO〉、陳蕾的〈慌〉、鄭欣宜〈@princejoyce〉等，而〈*~Silencio⋯Shh〉則以一系列新奇的意象處理命題。

看看紅色的波點

Home Screen 裏繼續搏命湧現

誰要連線　無法避免

就似紅蟻　死命亂纏

面對資訊爆炸的時代，主歌第一段呈現現代人使用手機時常遇到多如繁星的訊息與通知，先是具象以「紅色的波點」和「Home Screen」建構畫面，而紅色的波點更延伸到我們難以處理海量的訊息，導致未讀訊息越積越多，然而這種情況並不會隨着我們難以消化而停止，只會「搏命湧現」，我們已難以控制和避免消息或訊息接踵而至。此後詞人選用「紅蟻」作為意象，既能形容通知和連線請求的數量和頻率像紅蟻一樣繁多，亦帶出蟻會攻擊人，讓人困擾和煩躁。

（I'm dizzy）
公海資訊極爆棚
睇得心眼就發盲
好想哼句經　可唱走灰塵
點點鼠尾草　驅散閒人迫近

面對資訊過載，有時我們也想偷得片刻安寧，填詞人從宗教角度挑選意象表達。「經」、「塵」取自佛教，「塵」是塵垢，有染污之意，會纏縛人於生死苦海。填詞人將「塵」指涉為煩人的訊息，希望能以唸經的方式讓自己清淨。而下一段的「拂」用意相同，用更為具象的行為撣去無形的困擾，拉大歌詞的張力。後句承接南美宗教常用的「鼠尾草」。鼠尾草起源於中南美洲，被認為具有神聖的力量。阿茲特克人和馬雅人會用鼠尾草作祭祀和治療。而墨西哥和中美洲的傳統中，鼠尾草仍被用作一種參與宗教儀式的藥草，可減輕憂鬱症狀、緩解壓力和焦慮、改善睡眠等。希望藉由鼠尾草的煙和氣味將自己不待見的人拒之門外。

I've got the power of the universe
Silencio (sh...!) Perfecto

預備出動巫術 Hocus Pocus!
閒言追擊通通被嚇窒
誰人不學無術 Hocus Pocus!
念力一出堵嘴幾多件怪物

Wooh~ 猶如賜咒語那樣
Wooh~ 嘍囉個個要退讓

靜靜出動巫術 Hocus Pocus!
接收得多接收到抑鬱～ Yeah ～
(其實你啲 message 呢
我真係全部都冇睇到㗎)
Tic Tic Tic 秒針都生銹
尚有過百垃圾電郵
Del Del Del Del 不走追究
無暇應接萬個對手

以咒語對付流言蜚語，接下來副歌的「Silencio (sh...!) Perfecto」和「Hocus Pocus」可謂整首歌的靈魂，前者在西班牙語解作「完美的靜默」而後者可能較多人接觸過，意為「花招」，亦有咒語之意，在《哈利波特》中曾出現過。填詞人選用陌生的詞語為 hook line ，是一個大膽的嘗試，除了配合舞曲，相信亦能在聽眾第一次收聽時便抓住聽眾耳朵。

其帶出的效果更呼應主題，面對爆炸的訊息和無處不在的留言，忍無可忍下只能使用「咒語」對付現狀，增加整首歌詞的力量。（套在《哈利波特》的世界觀，巫師在麻瓜世界不能使用咒語，若要使用，那便是處於迫不得已的情況下。）

趕走烏蠅驅逐劣幣
如何至擅長
好想哼句經　一唱整啞人
手執一棍拂　一掃趕走人

顯然，詞人希望通過這句咒語來「趕走烏蠅驅逐劣幣」，這裏的「烏蠅」和「劣幣」除了上文提到的煩人訊息，相信亦延伸到網絡的聲音。近年網絡上越發多網民或網絡群體常以極具攻擊性的言論羞辱別人，藝人尤是不可避免，面對漫天匝地的惡言，能有一句讓眾人沉默的說話便是最好的應對方法，如歌詞「閒言追擊通通被嚇窒」以及「念力一出堵嘴幾多件怪物」。咒語常聽似非正道，但那些網絡虛擬的獸猖狂，若能真有咒語擊之，亦未嘗不是好方法。

曬太陽　跳進泳池
怪信號　照樣搏命跟住
截斷連線　仍有伏線
蒙蔽視線　擾亂睡眠

有時候一些惡意言論會在心頭縈繞。藝人活在鎂光燈下，一舉一動都受人注視，網絡上不同的聲音都讓他們在意，甚至影響生活的起居作息。有時藝人所渴望的，可能便是一句能讓世界寧靜的咒語。

雜念　太易由世俗撩動
心花　先要自己秘密種

到 bridge，歌詞結構從外界拉回自身，很多時候煩擾都是自己帶來的，「雜念」是人內心繁雜的想法和情感，這些想法和情感容易受外界世俗的壓力牽動。因此我們更要關注自己內心世界，栽種培養自己的情感和內在力量，讓內心不隨波逐流地被外界左右。記得金庸在《倚天屠龍記》中寫到「他強由他強，清風拂山岡。」任憑外界怎麼變幻，自己的內心始終需要堅定。

誠如 Marf 在歌曲中的獨白言：「其實你啲 message 呢，我真係全部都冇睇到㗎」，我們需要並不是知道天下所有事，而是留一刻與自己喘息。以一句高雅陌生的話語堵住眾人的嘴，和陳凱詠〈收聲多謝〉中的直接應對形成反差，卻是蘊含異曲同工之妙。

〈晚睡症〉趨黑避光

曾若華

夜闌人靜、世界安睡之時，晚睡者便會默默與最真實的自己共處。曾若華（Jude）作品不多，卻有着其觀看世界的獨特角度，而〈晚睡症〉則告訴我們，未必每一個人都喜歡光明，留在黑暗中與自己共處，反倒能釋放自己。

沒有喧嘩吵架
沒有催迫欺詐
光多麼可怕
黑彷彿不太差

要扮作倔強的我
脆弱已被上鎖

到凌晨累計着甚麼痛楚
心酸憤慨崩潰　生吞我麼

近幾年散發正能量的流行曲多不勝數，畢竟這個年代每一秒都難以預料，熬到有光，便可以跟着光明找到出口。然而世界並非人人相同，總有人要趨黑避光，填詞人尋找白日之下的角度是擁擠，壓力纏身，塑造白天的可怕。我們醜陋的一面在陽光下格外清晰，在隱藏與展露之間，我們總會不小心讓人窺探、攻擊。在白天要扮作倔強，避免光線照入我們隱藏好的真實。白天的一切受光折射，皆是虛幻，一觸就散，而黑夜才是真實。日暮過後，萬物皆被掩蓋，人最真實的一面才會盡數浮現。有時一絲微弱的光都會刺眼，令人心生恐懼，想要躲避。只有在黑暗中才可避開所有讓自己再度遍體鱗傷的事物，顯然，每一位「晚睡者」都需要寧靜的角落，哪怕只有片刻。

我這麼的破碎
光怎麼允許
躲進晚黑　輪迴萬句　我是誰
不安進駐心裏
天生太敏感多不對
沒法安睡

眼淚是流水

似是無須

卻是情緒

我是誰

很多時候，晚睡症患者並非被生理逼迫，而是基於一種心理需要才選擇晚睡。誠如副歌所寫，我們在白天時承受四面八方的情緒堆疊，或是委屈，或是憤怒，或者傷心、焦慮、緊張、沮喪、嫉妒等等，讓我們身心支離破碎。晚睡者無法通過睡眠清空身心，晚睡之因是需要時間消化不安，不讓它們累積、蠶食自己。晚睡總有原因，Jude 唱出的是晚睡者需要以眼淚洗淨自己，在沒有光明的地方，不需要火把照亮，也照不亮。習慣活在黑暗的「我」，需要時間和白天的「我」對話，當兩個「我」重合，才算是完整的自己。而眼淚便是「我」的溝通語言，在日出前互相安慰，支撐自己在日光後重新生活，否則這個循環就會崩潰。

我這麼的破碎

光怎麼允許

躲進晚黑　輪迴萬句　我是誰

不安進駐心裏

天生太敏感多不對

沒法安睡

幸福是仍可在黑夜流淚，歌中的晚睡症患者，只是習慣在深夜梳理日間所承受的各種負面情緒，每一塊心的碎片都染上痛苦，能夠有一段屬於自己的時間洗淨痛楚，再把碎片拼裝回去，也是幸福。對於部分人而言眼淚如水，但對晚睡症患者而言卻是靈丹。歌詞中最為細膩的便是副歌「天生敏感多不對」，晚睡者沒有控訴世界，晚睡只因自己的心過於貼近世界，才沾染到不同的情緒。這種客觀描述，卻寫出晚睡者的卑微，成功將副歌情感帶到頂點。

如同德國詩人諾瓦利斯的〈夜頌〉，黑夜在我們身上打開千百隻眼睛，通過夜的自我安慰，人便可以等待全新的陽光。陳舊的光在諾瓦利斯筆下傲慢又刻薄，這何嘗不是〈晚睡症〉的光。白沙在涅，與之俱黑，人的心理狀況也一樣，習慣在黑夜裏排解自己，又何苦強迫要在白天放鬆，畢竟他們也在日照下笑臉相迎。柏拉圖認為人生真正的悲劇，是成人害怕光明。但這場悲劇也是一場幸福，能認識自己很難，接受真實的自己更難，黑不可怕，能夠在黑夜裏自我排解，未必不幸福。

〈第二人格〉

溫柔與暴烈

張天賦

繼甜蜜的〈世一〉和 R&B 節奏的〈花海〉後，張天賦的〈第二人格〉由陳蕾填詞，意念參考了《東京喰種》中金木研的角色，在社會壓迫下，善良之人也會走向極端，展現一個截然不同的人格。歌詞談及與潛意識和價值觀相關的思辨，而除了價值觀外，歌詞以交叉敘事形成自我內在對話的分裂，亦令結構編排更見巧思。

我　不斷約束
你　總是愛叮囑
這　不是寄宿

若　靈魂被扭曲

要乖乖當一個正常人類　世界至會接受
誰都不喜歡太怪異　別太醜
很想討好身邊每個敵友
結局原是　當一隻哈巴狗

還在對人類有期盼　大腦有事嗎
讓我操縱你的意識　你專心看笑話
萬念俱灰　只因你不夠賤格
難道你還未夠同化　別要太垃圾
又再執念美好角色　你只可以捱打
睜開雙眼看現實多麼暗啞

在解讀〈第〉的歌詞前，首先要釐清誰是「我」，歌詞的主語指涉甚麼。「我／不斷約束／你／總是愛叮囑／這／不是寄宿／若／靈魂被扭曲」，從第一節歌詞中，我們得知歌詞有「二人」，從「不斷約束」和「總是愛叮囑」可以發現「二人」的想法未必相同，甚至「我」是排斥「你」的看法和行為。從第二節歌詞，能更明顯地看出「我」的價值觀，此處下文再述。到副歌便可發現，先前「我」的那種溫柔到近乎軟弱已然一掃而空，語調轉而變得暴烈激昂，由此看來，副歌的「我」，變成了第一節提到的「你」。這種歌詞鋪排的結構讓敘事變得更為豐富。歌詞中流露的「心聲」，是敘述者有意將「心聲」展示，它的作用未必要推進情節，而兩個「我」的歧義，其實也相當清楚，兩者的內心坦言帶出各自的訓誡。這種交叉敘事的手法在文學上並不罕見，也斯的《剪紙》和西西的《碗》皆是運用由「我」出發的交叉敘事的例子。

善惡同體？古往今來，人們都孜孜追求完善的人格與完美的人生。隨着人類文明發展與科學技術進步，人類對於物質世界似乎達到可以為所欲為地控制與支配的階段。然而諷刺在於，人類卻難以讓自己的人格步往完美，反而是由於物質社會，讓人格更過分割裂，滋養內在的另一個人格。

要乖乖當一個正常人類　世界至會接受
我不喜歡總太惹事　像惡狗
心經抄很多不怕你念咒
已適應當裝假笑的小丑

承上文結構，第一節歌詞談到軟弱的「我」受制於社會，因而不斷的約束自己，其實「約束」便是詞人下的一個伏筆，倘若真的生來和順軟弱，又何用特意約束？令自己抑壓的是社會。第二節歌詞的「我」剖白，「要乖乖當一個正常人類／世界至會接受」，原因是大眾並不喜歡標奇立異的人，而這種軟弱只會令自己變成一頭搖尾乞憐的哈巴狗。「不喜歡總太惹事」、「裝假笑的小丑」進一步揭露「我」是受環境影響才收斂自己的性格，假裝成討好眾人的娛樂家。在生活中，為了融入社會，成為人群之一，我們會有意無意地遏止直率激烈的自己，將暴烈打入內在的深淵，在不斷打壓下，總有一日我們的另一種人格會如彈弓反彈回水面。第三節的「我」以「看笑話」看待世界的荒謬，暴烈源於自身對環境壓力的一種防禦，透過人格或對既有的身份認同解離，來應對和避開壓力來源或創傷帶來的痛苦。對「我」而言，塑造自我感覺良好的「美好角色」只能不斷受到社會的毒打，以妥協換來的「假自在」不過是一層喘不過氣的束縛，故此歌詞最後寫出「只想掙開束縛」來表達人天生的社會性對「我」來說未必是一件好事。

（我哪是個垃圾）當吸奶嘴的娃娃
（我哪是個垃圾）就讓人任意掌摑
（我哪是個垃圾）只懂退縮的啞巴
（我哪是個垃圾）就讓行動說話

歌詞連續提到四次「我哪是個垃圾」，與之對話的四句分別是：「當吸奶嘴的娃娃／就讓人任意掌摑／只懂退縮的啞巴／就讓行動說話」，歌詞後續明顯展露軟弱的「我」無力以對，在對抗中敗下陣來。這種衝突可以從抄寫心經發現，「我」需要通過宗教或外在形式勉強維持信念，顯示軟弱的「我」內心不夠強大，對自己所信奉的價值觀有動搖。

別再收斂你的惡魔　放出所有怒火
紛擾的思緒在搏鬥　如被詛咒
身心都已受夠被你左右
不想退後
無奈都要決定拿上匕首
幹掉這妖獸

至此，歌詞最後一節「不想退後／無奈都要決定拿上匕首／幹掉這妖獸」，這隻「妖獸」，便是向世俗妥協的軟弱。為了保護自己，即便要摧毀另一個面向社會的人格或面具亦在所不惜，這種做法，很符合激烈如魔鬼的「我」。

人性究竟是善還是惡？讀通歌詞，似乎詞人陳蕾傾向人性本惡，又或許如賈誼所言，善惡同體，其中的人格是因為後來而生。換個方向思考，一直委屈自己能否保護自己？《東京喰種》中，金木研會與自己的人格對話，來堅定自己的內心，保護想要保護的人。同樣在〈第二人格〉中，溫柔與暴烈的「我」，其實都是想保護自己。溫柔面對世界是否真的難以生存，是否必然要武裝自己才可應付世人？這是我們同樣要反思的命題。

〈票房毒藥〉

知音，千載其一

Nowhere Boys

Nowhere Boys 成軍八年，推出歌曲〈票房毒藥〉收穫不少好評。「票房毒藥」現多指電影在戲院上映不賣座，虧損巨大，電影的主要演員便會被稱為「票房毒藥」。而詞人黃偉文在歌詞中則以票房毒藥作喻，寫出得不到大眾欣賞，卻只執着懂得自己的鍾子期。

誰會買飛
這一齣　怪異的戲
片中主角　相信那道理
舉世看不起

而這作品
只想找會明的你
無期望　世人每位都會愛自己
很慶幸　你回來了
拿着你預約的　一張戲飛

知音一個便足，主歌以「戲」作比喻，「我」是和主流不一的怪人，可能是外貌，或者衣着審美與世人截然不同，但可以確定的是，我並不受大眾喜愛。不過歌詞「只想找會明的你／無期望世人每位都會愛自己」早已表明自己的目標並不是要成為風靡全球的電影，縱然都云作者癡，無人能解其中味，也不過是希望尋得一個知音人，明白滿紙荒唐裏的辛酸淚。

不要成為世人　全部都拜跪的神
讓我只　當你喜愛的人
無力再心跳　才卸任

不怕成為票房　無視的偉大作品
或只想給你　一個人看
普通觀眾　不要行那樣近

到副歌，從戲這個喻體拉回到本體，直接抒發意念，「讓我只當你喜愛的人／無力再心跳才卸任」，回到詞人視角，黃偉文提到這首歌詞是私人又真實地呈現自己的歌。他的寫詞風格奇巧，善用比喻，且在他心目中並不喜歡跟隨「大路」而行，二十多年前受訪的一句「我就是要不一樣」置於現在仍舊未變。獨特的創作觀念令這位「大師級」填詞人在部分作品中的用字仍會受人議論，甚至嘔心瀝血寫成的歌詞亦非首首熱門。但對他而言，有些作品是一心寫給某君的，不稀罕成為傳世的偉大作品，只待對方收到心意便足，那麼普通聽眾不欣賞不重要，就如歌詞所言「不要行那樣近」。

人格眾多
討好不了人的我
知音者　勇敢到捍衛我
不會有很多
誰要那些
一般觀眾　明解我
誰明白　暗藏作品深處　有甚麼
很慶幸　你回來了
齊合唱　完場的歌

到第二節主歌開句便帶出創作者的視角，填詞人指出作品的受眾喜好各異，尤其藝術創作者的作品根本難以迎合個人主觀的美學，故此填詞人不需要「一般觀眾明解我」。

庸俗市場　給一百分
難及你贈一個吻
好　沒有一個人懂
得你崇拜　亦無憾

誰又冀求　得獎作品
蒙塵味覺　不可信任
等　凡人互相吸引
Woo~

到 bridge 部分，黃偉文承接副歌，強化知音者的角色，在他眼中有些作品在庸俗市場上得到稱頌亦無關痛癢，能夠得到心中重視之人的喜愛便可無憾，何須世人嘉許。後以蒙塵的味覺比喻大眾的口味，延伸到自己的創作態度不會改變，無論是創作超過千首作品的黃偉文，抑或閒時寫寫小品的你，總有自己的創作風格，不必迎合市場需要而折腰，寫出自己不喜歡的文字。不同族群自會相互吸引，換個角度理解，「一千個觀眾有一千個《哈姆雷特》」，我們又何須卑微哈腰，在作品中滿足每一個人心中喜愛的《哈姆雷特》，畢竟錯討歡心，比起沒人留意更加犯賤。

此外，歌曲 MV 邀得有「票房毒藥」稱呼的黃子華出演男主角，無疑為歌名錦上添花。或者作為「普通聽眾」，我們跳出黃偉文的世界，再為歌詞延伸解讀，「片中主角忍了那啖氣」，歷盡質疑也咬緊牙關，誠如黃子華無懼毒藥稱號，敬業樂業演出，只為覓得那位賞識自己的觀眾。甚至在天時地利下，遇到萬千「知音」，出演的《毒舌大狀》票房破億，《破地獄》亦備受好評，成為「票房靈藥」。

其實自古以來文人總會歎息知音難尋，無論是莊子在惠施死後言：「自夫子之死也，吾無以為質矣，吾無與言之矣。」，到後來王勃的「登高作賦，是所望於群公」以及晏殊《山亭柳》的「若有知音見采，不辭遍唱陽春」，都可見自古文人重視知音，如何勇於對抗市場是創作者需要思考的問題，自己的創作意念並不會總和主流貼近，不止詩歌言志，每一篇作品都代表創作者的志，若然創作均以市場馬首是瞻，便失去作為創作者的尊嚴。蒲松齡《偶感》：「一字褒疑華袞賜，千秋業付後人猜。此生所恨無知己，縱不成名未足哀。」聊齋先生寫《聊齋誌異》，心懷極大的寄寓，即便當時社會，鬼狐小說連同艷情小說多被視為侈陳靈異，有乖乎風化、壞人心術之嫌。蒲松齡依舊將人間世醜陋一一寫出，故寫到如有知音則縱不成名，也未足哀。

Nowhere Boys 在 Instagram 分享歌曲理念時提到：「每一份作品命運都不同，有些作品令人被追捧成為神，名流百歲；有些則被稱為票房毒藥，大眾都看不起。是否這樣就能鑒定作品的好與壞？或許，作者根本一點不在乎，只想在世上找到一位知音人，讓自己作品化成靈魂守護着他就已經足夠。」你永遠不知道支持者是誰，但在其出現之前，先要成為懂得欣賞自己的人，誠如歌詞「或只想給你一個人看」，即使曲高和寡，也只是寡，而非沒有。

〈失約巴黎〉

學會尋找下一個巴黎

魏浚笙

繼〈第一個迷〉及〈遺忘了初心的我們〉後，魏浚笙（Jeffrey）的第三首個人單曲〈失約巴黎〉，歌詞由黃偉文填寫，將富有巴黎特色的事物譜進歌詞，以巴黎一貫予人的浪漫來突顯現實的悲哀與殘酷，亦以另一個形式帶領聽眾遊歷巴黎的景點和文化。

你話過　要伴我　讀雨果
你話過　要共我　學探戈
人在法國　先知　險阻太多
努力過　最後

也　難如初

你話再　無法帶　幸福給我

在愛情的包圍下分離，主歌開始便積極塑造巴黎的浪漫意象，其中「雨果」便是法國浪漫的代表。雨果可謂法國標誌性作家，歷經法國十九世紀的重大變更，寫出《巴黎聖母院》和《孤星淚》等傳世作品，其中雨果和朱麗葉．德魯埃五十年間近兩萬封情信更是為人傳頌的浪漫事蹟。至於「探戈」是一種雙人舞蹈，以探戈的雙人互動指涉二人之間的親密關係。到第三句旋即切入正題，二人或許相隔兩地，而作為浪漫聖地的巴黎，黃偉文卻用「險阻太多」來暗示二人的關係難以延續。

抬望鐵塔　陰影　竟淹蓋我

從前夢遊的花都　此刻變了負荷

問那些　盟誓發過　真可保障甚麼

在瑪黑區　那個住處　從此深鎖

第二段的「鐵塔」有着忠貞愛情的象徵。艾菲爾鐵塔的設計師艾菲爾在妻子去世後，希望完成對妻子瑪格麗的承諾，建造一座通天的高塔，站在離天堂最近的地方對瑪格麗說「我愛你」。艾菲爾最後站在塔頂完成對妻子的約誓。當抬望象徵愛情的鐵塔時，黃偉文選擇以陰影為意象，呼應上文二人關係破裂，營造被愛情的創傷籠罩。

沒有你　帶香檳　與我私奔　何來浪漫巴黎

每日坐　咖啡室　剎那顯得　不設實際

我們離家　追的夢　已給摧毀

既然失約　為何發誓

沒有你　困境中　與我相依　如何活在巴黎
你離開了　難道還留下　等枯萎
就當花都的夢　落進花都的泥
好好辦喪禮

「花都」是巴黎的別稱，花有浪漫之意，而漫遊在浪漫的巴黎，另一半卻要離開自己。黃偉文特意挑選巴黎，或許有其私密性，但無礙技法上以極端浪漫對照分離，強化愛情哀愁的張力。後句所用的「瑪黑區」在歌詞中就再度強化了這種華麗與哀愁。瑪黑區既有着古老巴黎的華麗精緻，同時具備現代的失序頹廢、文藝，套入〈失約巴黎〉的歌詞，在鮮花四處，芳香遍佈的浪漫巴黎中，卻出現了格格不入的失落頹廢，再度返照入瑪黑區既衝突而唯美的風格內。另一個有趣的地方是，瑪黑區是上文提到的作家雨果曾居住過的城區，「深鎖」二字彷彿敘述將這段荒謬的愛情一併鎖入這充滿歷史、文藝和創意的地方，成為屬於自己的一部歷史和曾經發生過卻自認虛構的故事。

黃偉文在副歌以「香檳」入題，香檳是法國獨有的氣泡酒，其意義在於慶祝，因此又名「勝利之酒」，但加上「沒有你」後，便將氣氛轉換成孤獨、落敗，尤如一瓶失去氣泡的香檳，難以下嚥。「我們離家追的夢已給摧毀／既然失約／為何發誓」兩個人相約共付完成的夢想殘缺一半，讓詞人在後句以控訴呼喊的方式發洩。

到下一段副歌，詞人以花為主體，在歌詞中，花是浪漫、愛情的象徵，而枯萎既指二人的愛情，亦指前文的夢想。故詞人以花作為主角，將一切當做枯萎的花，落在巴黎的泥土，不需帶走。花既可用於浪漫，亦可用於哀悼，枯萎的花便是哀悼這場死去的夢。同時，人在花都，滿懷憧憬的「我」一如隨處優雅的鮮花，但在得悉你的訣別後，才醒覺何以要繼續等待直到自己枯萎，倒不如讓消逝的夢與愛情代替自己成為那朵在喪禮上追悼的花，讓自己不受任何阻礙追求自己的夢。歌詞以二人關係帶到「我」所認為的美好，黃偉文希望借愛情關係作為困阻，思考我們要如何面對理想和現實的落差。

火　一燒聖母院　頃刻垂危
梵登　塞納　不見得　可以美一世
前功一秒　就能盡廢

沒有你　帶香檳　與我私奔　何來浪漫巴黎
每日坐　咖啡室　剎那顯得　不設實際
我們離家　追的夢　已給摧毀
既然失約　為何發誓

沒有你　困境中　與我相依　如何活在巴黎
你離開了　難道還留下　等枯萎
沒有貞德堅毅　莫里哀式執迷
怎守候一世

美好的事物未必能夠永恆，到最後的 bridge 和副歌，黃偉文置入大量法國元素象徵，強化整首歌詞與巴黎的扣連。「聖母院」、「梵登」、「塞納」是巴黎著名的地標。無論建築工藝、藝術裝飾都蜚聲中外的聖母院在 2019 年因為一場大火燒至結構性損壞，而梵登廣場和塞納河皆是巴黎絕美，詞人以三處華美的巴黎景點象徵美好，但我們想像的順利和美好可能一息便不復存在，藉此帶出我們努力經營的事物，或許頃刻便會消散，因此更需珍惜和懂得調整、放下。

最後，詞人再以法國的聖女貞德和喜劇家莫里哀來自我勉勵，貞德經歷苦難，甚至被認為是異端，要承受火燒之刑。美好的，或許轉瞬灰飛湮滅，在心中完全坍塌，但自身卻要如聖女貞德一樣強大。同時亦要學會以歡樂面對現實，這種歡樂需要和莫里哀的喜劇一樣，自然、合理，才可以強大追夢。

有時我們夢想的美好是兩個人一同到達目的地，但一方缺席，美好就如鏡子裂開，不再完整。〈失約巴黎〉告訴我們，承受失落，享受過程，再繼續尋找心中下一個巴黎。誠如 Jeffrey 在社交平台所寫：「目的地不是重點，過程才是， it could be anywhere！」

第二章

「愛」是宇宙最大力量

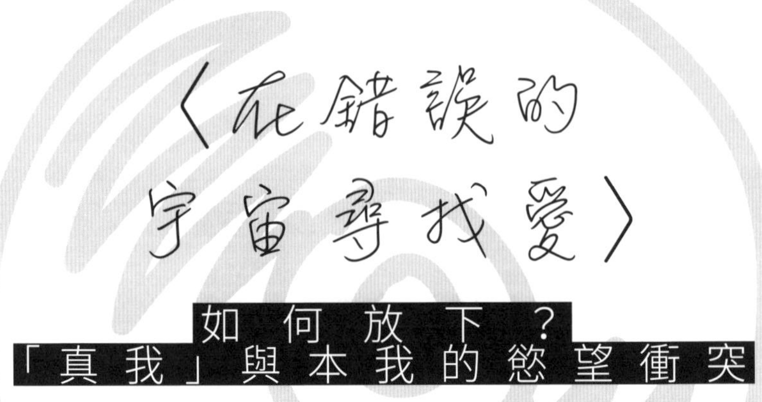

〈在錯誤的宇宙尋找愛〉

如何放下？「真我」與本我的慾望衝突

陳健安

陳健安推出專輯《本原》，專輯意念是嘗試透過歌曲尋找事物本源。其中〈在錯誤的宇宙尋找愛〉（下稱〈在〉）論及在愛情的矛盾中，人應該如何自處。除了歌詞意念，歌曲 MV 亦教人討論得火熱。MV 以同性戀為題材，為歌曲歌詞定下詮釋方向，很多時候 MV 能夠令聽眾更好地理解歌曲，然而，亦會局限聽者對歌詞產生更多的想法。

有趣的是，黃偉文填寫〈在〉時運用了不少宗教詞彙，其中尤以佛學為重，正因此點，筆者嘗試撇開 MV 的導引，剖析在佛學角度又該如何解讀〈在〉的歌詞？然而，筆者並不是要推翻 MV 與歌詞的任何不合，相反歌詞與 MV 體裁可以遙相呼應，引起不同人的共鳴，可算值得細看的 MV。

意識一早超脫　情愛這東西
越過了天地　並未眷戀螻蟻
沒有光陰跟遠近　我是叢電波　破天際
但你的召喚　讓我將功德放低

歌詞開首一段用了「超脫」、「越過」、「天際」等字詞塑造詞中的主人公並非凡人，意識已經如電波如空氣，穿梭在宇宙中，與肉身不再同住一處，儼如佛學中的「真我」。我者自在，能夠放下一切七情六慾，生死煩惱，自在於天地間。但歌詞第一段最後一句，卻逆轉前面的鋪排。「但你的召喚／讓我將功德放低」，「你」是何人？最直觀當然是對方。但同時，早已放下凡塵的我們，會否被深藏的「本我」呼喚，拾起自以為放下的慾望。《禮記・禮運》：「飲食男女，人之大欲存焉。」本我追求享樂主義，滿足慾望，其中愛情更是人類原始慾望，自當不能摒棄。需要留意的是，從〈在〉歌詞出發，面對男女之情重點應當放在精神慰藉，而非尋求肉慾的本能。然而，如果心境涅槃，又豈會輕易受塵世情慾影響，甚至放下功德去投入愛情。此處便是詞人巧妙之處，暗地點出大部分人在未遇到情，或是經歷過愛情後，自以為看破一切，不會輕易投入愛情。現實就是當遇到感興趣的對方時，潛藏的本能便會將自己先前催眠的「假超脫」洗淨得空空如也。

為你呱呱出世　回到這身體
自降四千等　為覓人類一吻　作謝禮

誰話愛戀　苦海濟世　會創造奇蹟　將蒼生撫慰
被你吸引　讓我當初失智慧

歌詞第二段，承接上一段，「真我」回到人間，希望獲得一場自己滿意的愛情，然而歌詞卻透露出不幸的現實「誰話愛戀／苦海濟世／會創造奇蹟／將蒼生撫慰／被你吸引／讓我當初失智慧」，諷刺的是主人公認為自以為的「超脫」被對方破壞，令自己失去看破愛情、看破世界的智慧。但其實早在第一段歌詞便已透露主人公的假「真我」。所謂「真我」需離一切諸相，然而「我是叢電波」便告訴我們主角仍抱有我執，有電波之形，何來可以不具形相。或許錯愛過，我們都希望可以放棄凡塵，殊不知越執着離開，表示越依賴情感能夠安慰自己，這時候便更容易受到誘惑。

這宇宙　這種深情根本虛構
失了足　才會跌落你的地球
目光遠大如我　你有限維度裏　看春秋
很後悔　但愛死方會得救

副歌的主角尚未解脫，甚至尚未知道自己才是平凡的螻蟻，因此仍會用「失了足」、「你有限維度裏」和「很後悔」來怪罪對方，蟻的世界只有二維，因此「困在」彼此有限維度的目光中，眼前就只有愛情。這正正證明前段所謂意識超脫不過虛妄，並不真實。但與此同時，歌詞中也開始看見學習放下的蹤影，「從根本虛構」到「愛死」，雖輪轉於生死無名之間，未能超脫成佛，卻可以逐步勘破幻相，了解因緣。

《金剛經正解》云：「一沙一世界國土中。所有眾生。各具一心。」

聽者皆會知道「為了找到真愛／尋遍每粒沙」最終必然失敗收場，恆河沙數，如何能尋遍大千世界的沙，最終只會糾纏在愛情的因果中，難以脫身。經歷世間的愛恨情仇後，終於意識到一直自我催眠看破世間情愛慾望，自以為無欲無求，直到被人在愛情中傷害，才知道自己已在愛情中歷經一次輪迴，「不恨你／恨我太晚參透」由怪罪對方讓自己陷入愛情，變回恨自己參透得太晚。

親手作孽　惡果他人怎可解救
貪怨癡　要葬在你的地球
為了擁抱你　換這雙手
一早已　被切去兩翼　禁飛走
這樣勇　試問你可能夠

「親手作孽／惡果他人怎可解救」此句饒有趣味，所作之孽終歸來說就是愛上對方，承接下一句「貪怨癡／要葬在你的地球」便顯得灑脫，煩惱眾生，皆因貪嗔癡起。不過詞人的心思出現在接下來三句「為了擁抱你／換這雙手／一早已／被切去兩翼／禁飛走／這樣勇／試問你可能夠」此處「試問你可能夠」就有一種責怪和攀比之意，我為你折翼，那你應該接受我對你的恨，這樣才算對等。這裏也有責怪自己為何會為對方折翼。如此一來，第二句的「貪怨癡」就變成一場主角與對方生生不息的因果。

這宇宙　這種深情根本虛構
失了足　才會跌入你的溫柔
在你的結界　盪過鞦韆

我便無力　再看北斗
不恨你　恨我的反抗不夠

「在你的結界盪過韆鞦／我便無力再看北斗／不恨你／恨我的反抗不夠」盪韆鞦本是一個寫意放鬆的活動，不過在黃偉文的筆下，卻成為自甘墮落的證明。如同電影《月黑高飛》中的圖書館管理員，在「體制化」的監獄待久，自由便是一種壓力；逃離不了愛情的輪迴，只好貪圖其中渺小的高興，難以重投灑脫的心境，更何況一開始也沒有在愛情的金剛圈外。自知這場愛情沒有結果，甚至希望了斷感情，但始終違抗不了自己本源的感情。主角成長之處在於不再怪責誰讓其失去功德，轉而明白是自己心底並不希望斷絕這場充滿傷害的因果。最後，「我的愛全被接收／必須再重頭禪修／練到清心寡愛／無懼色誘」，「接收」一詞，讓人知道對方最終心領主角的一切付出，可似乎沒有回應，如石沉大海。努力修行，希望自己能放下情愛。可是真能練到清心寡愛嗎？筆者並不認為，執於不執便是執，貪着放下自在，便會生出執念，而得不到這「執」，怨念便會隨之而生，最後貪怨癡再度生出，仍舊擺脫不了對方的結界。如《唯識述記》一本有言執念會令人有煩惱，由此衍生，執着會讓人追求一切虛妄的東西，迷失在慾念中，不能自拔。

或許，這種自虐便是主角渴望能與對方有着一種關係，一種我們不可力抗的本性。一如張愛玲的《心經》，在本我的支配下，即使知道是一場沒結果的戀愛，但本能還是依從心中所喜歡的行動。主角要自己放下感情來進行自我救贖，然而執意忘掉對方，只是將對對方的感情轉移成另一種表現，不論是逃避、憎恨還是愛上對方，心中有情，就不會有清心的一日。

不能擺脫執着，不能做到若無其事，湛然凝寂，不為所動，那就退而求其次，如佛說：「寧可執有如須彌山」。本義是希望執着「做好事」、「做好人」，執着淨土念佛憶佛的修法，將對世間的執着轉為對佛的執着，慢慢自然就能入佛知見。既然不能放下，筆者卻想借用此句，希望聽眾不要執着放下愛情，既然不能逃避，倒不如感受透徹，自然會領悟何種愛情才適合自己。如同〈一絲不掛〉歌詞的意味，在束縛與割捨間，主角選擇與對方牽引一生。活得有血有肉，嘗遍各種感情，感悟方會來得最深，不然僅僅流於表面，心中浮躁好奇，就連最簡單的靜心也做不到，談何放下。

這場旅程讓人知道尋找愛情是我們不可抗拒的本源，配合專輯名稱，的確能夠感受歌曲帶來的訊息。不論宗教抑或科學都談及愛情與人類的關係，尋求愛情已經是我們基因的本能。但尋求之中又如何尋得適合自己的一段愛情。即使對愛情不抱期望，感覺自己看透，但本能會將我們拉回愛情。不要逃避，逃避而生的假「真我」，只會讓自己陷入死循環，糾纏在自己害怕的情感中。

〈到底發生過甚麼事〉

與「你」對話

Dear Jane

〈到底發生過甚麼事〉，由黃偉文填詞，Howie 作曲。歌詞內容圍繞看待情感的看法，讓筆者感興趣的反而是副歌的編排。黃偉文為 Dear Jane 所填的〈人類不宜飛行〉或〈脫軚的華爾茲〉，第一、二段的副歌皆是重複，這與大部分廣東歌的結構相像，但〈到底發生過甚麼事〉卻在作曲上改變了一點結構，而黃偉文在這個帶有稍微變化的樂曲上，注入了敘事的巧思。

很久不見　到底發生過甚麼事
堅強像你　說起愛哭到停不住

講到未來　只有懷疑與懷疑
邊個令你從此推翻對愛情那些宗旨
春分秋至　到底你經過甚麼事
溫柔像你　已長滿尖角和尖刺
可算快樂　我亦有些難啟齒
然而詳情寧可不說　今晚只想很勵志

不必多說　我知你經過甚麼事
感情受挫　要哭夠一百零一次
先有氣力　再度脫胎來開始
來年無人能拖垮你　因你根本不在意

副歌是這樣安排的，到第二段歌詞，看得出這是描繪一場安慰開解的酒局，倘若歌曲到此結束，其實歌詞的故事亦算完整，從相遇到訴苦，由聆聽到開解，這是一場對愛情的成長。但是，歌曲到此仍有一段 bridge 和 chorus，在「我」首次聽到時仍然不覺得奇怪。甚至聽得「可算快樂」，「我」還在想自己是否暗戀對方，然後聽到對方分了手便產生暗喜的心情。

很久不見　到底發生過甚麼事
堅強像你　說起愛哭到停不住
講到未來　只有懷疑與懷疑
邊個令你從此推翻對愛情那些宗旨
春分秋至　到底你經過甚麼事
溫柔像你　已長滿尖角和尖刺

可算快樂　我亦有些難啟齒
然而詳情寧可不說
跟你多麼的類似

到最後一段副歌，平常應該出現在第二段副歌的文字卻被搬到最後一段。往往最後一段的文字情感會昇華釋放，這與第二段副歌想要帶出面對創傷，應該改變心態，學會堅強的面向更為貼近。不過黃偉文卻選擇在最後一次副歌重複第一次的文字，只是改了最後一句「跟你多麼的類似」。如從這一句往上推敲，其實就與「不必多說／我知你經過甚麼事」有着呼應。

最後一段敘事中的「你」與前文的「你」並不相同。前面的「你」是敘事者認識的那位同學。歌詞的「我」是故事人物兼敘事者，用第一人稱講述故事，敘事者空間和敘事空間同處在一個視角，這讓我們更容易地在聽歌時產生畫面，便是一場遇到舊識，聆聽對方受到情傷而對感情抗拒的故事。這是我們跟隨歌詞視角理解的脈絡，但倘若一直用此角度理解歌詞，到最後一段便會走進迷宮。因為在第二段副歌與連接段詞人寫出了其中一個道理：自己才最值得愛自己，不需要依靠別人憐憫，尤其來自前度的在意。此處對方一是繼續犯賤重墮深淵，二是明白，然後活得更好。倘若是一，那最後一段副歌就不應該出現「很久不見／到底發生過甚麼事」、「溫柔像你／已長滿尖角和尖刺」，因為在「我」的時間點上，對方已經受過傷，亦經歷過一次開解，即便對方最後再被愛情傷害，也不應是「很久不見」，不會用「到底」，尖角尖刺也已經長出，不會再長。對方倘若明白道理，就不會重複受傷，因此我們可以理解具象的故事到此完結，最後一段歌詞的「你」根本不是對方，而是自己。

「你」這個字其實並沒有任何特定的所指。我認為最後一段副歌是「我」與自己的過往對話，是一場透明的獨白。敘事對象轉變成過往的「我」，過往自己同樣受過情傷，也同樣哭得肝腸寸斷，因此才可以明白對方的處境，得出不必多說的結論，並不是聽完對方的故事後明白，而是從一開始知道對方受情傷時便清楚對方此刻的感受，因為自己也同樣經歷過。其實「邊個」亦可透露「我」並沒有詳細知道對方發生甚麼事，進一步印證憑着經驗明白事情的想法。內心獨白的速度遠比語言要快，進入最後一段時，時間該是暫停，直到最後一句，畫面才由獨白轉換到對方身上，說出「跟你多麼的類似」一句。

關於敘事角度的歌不少，但巧妙在於詞人配合只是稍微改變的旋律，將心思隱沒在大路的情歌中說故事。黃偉文大可寫出三段不一樣的副歌，或者將第一段副歌重複一半，主打 hook line，但他選擇將重複的文字放到最後一段，形成敘事變換的歌詞，讓歌曲層次更豐富。

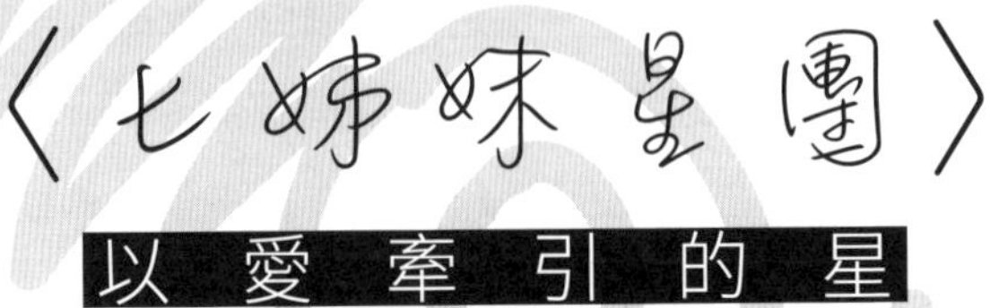

〈七姊妹星團〉以愛牽引的星

LollyTalk

為 LollyTalk 填寫〈七姊妹星團〉的小克以宇宙入題，譜寫出宇宙星系中最強的引力。誠如他在《明周文化》受訪時回答：「我一直想尋求最後答案、宇宙的真相，那次未必知道全部，但我明白到，那東西是不可能用語言描述到。最接近去講，可能宇宙的最終是愛，是一個維度。」

七姐妹星團位於金牛座，肉眼輕易看見。在希臘神話中，大地之神阿特拉斯與寧芙女神之一的普勒俄涅育有七位美麗的女兒，包括 Alcyone、Celæno、Maia、Electra、Taygete、Sterope 和 Merope。故此，昴宿星團亦被稱為「七姐妹星團」(The Seven Sisters)。

找不到路向　如何醞釀　叫世間可聽我分享

平凡像我　這種女孩　聲音未夠鏗鏘

誰心裏璀璨就如夜空星羅密佈　可一起閃亮

隨星河帶動脈搏　肢體語言

銀河系用愛滋養

不可一個獨承受

漆黑孤單的爭鬥

讓我獨個星雲上來聽候

經歷浮沉，以愛維繫團隊，歌詞第一句寫出團隊開初，如何與樂迷分享自己的音樂，許多選秀節目的落選者或許會在節目完結後回歸平凡，一個人力有不逮，就像歌詞所寫「平凡像我／這種女孩／聲音未夠鏗鏘」。「星」是歌詞中的重要意象，LollyTalk 眾人知道自己都是一粒明亮的星，一顆星不夠閃亮，那便組在一起，相互發亮，成為天空中一團閃亮的星團。星代表她們，更指向她們內心渴望發光發亮，向大眾唱出心聲的決心。而七姐妹星團恰好代入她們團員的第一人稱，緊靠身旁的七位成員，才能讓屬於她們的歌曲響亮天際。而歌曲的編曲也一如她們的成軍經歷，從單薄的電子琴音開首，後來加入鼓聲和吉他聲，到 bridge 部分加入吶喊聲，提升整首歌曲的熱血程度。只有彼此結合，才是 LollyTalk 能夠吸引聽眾的秘密。「不可一個獨承受／漆黑孤單的爭鬥」，正如她們成員吳倩怡（Sinnie）所言：「我哋 LollyTalk 係冇隊長，我哋全部人都係平等。」從選秀節目落選到自行組軍，LollyTalk 八位成員經歷起伏跌宕，從推出第一首作品〈8SEC〉到〈三分甜〉爆紅，團員彼此扶持，唯有以愛，才能讓她們相互堅持到這一步，就如歌詞所言

「齊心追夢手牽手／晚空重遇數位／明亮的隊友」。

我在發夢　你在發夢　置身宇宙
這維度裏聚頭　同編出星宿
來合力併發出熱與光去造就
更多星球　七姊妹永伴我在旁
齊心追夢手牽手
晚空重遇數位　明亮的隊友

最明亮的星團不止七顆，歌詞蘊含的亦不止 LollyTalk 八位成員的團結，「我在發夢／你在發夢／置身宇宙／這維度裏聚頭／同編出星宿」到「更多星球／七姊妹／永伴我在旁」，星的意象更指樂迷。需要懷着夢的還有樂迷，星團不能只有主星，要將星雲變成夜空中最亮的星，更需要無數星星聚攏，才可在漆黑的宇宙爆發耀眼星光，而這無數的星，便是她們的粉絲「波板糖」以及聽着廣東歌的我們。若是喜歡廣東歌，我們便要支持，從 Mirror 到吳林峰的〈樂壇已死〉，香港樂壇不禁讓人問「是否真的沒有人了？」答案明顯不是，每一年幾百首新的派台歌，還未計算地下音樂，熱愛廣東歌的人大有人在。既然有人做音樂，那我們何不貢獻自己的力量，單靠音樂人推出音樂不夠，要真正地讓流行曲流行，靠的還是廣大樂迷。

“That the fairest and sweetest was ‘not on the ground’.” 這句詩來自美國詩人 John G. C. 所寫的 “The Lost Pleiad” 末句。若果只得音樂人獨力支撐，廣東歌日後只會如同現實的七姐妹星團般，被其他星團、星際物質等所產生引力，而被改變結構並瓦解。

Neither planet nor star could his vision delight,

Till his own bright Pleiades should rise to his sight.

唯有以愛，重新將繁星拉回，才能讓廣東歌再次閃亮。

七姊妹星團

〈同歸於盡〉

帶着愛，一起走到盡頭

泳兒

泳兒近年憑〈溝渠暢泳〉及〈荊棘海〉等暗黑系列歌曲，讓她重新在樂壇發光發熱，更橫掃不少歌曲獎項，其中〈溝渠暢泳〉更成為「五台冠軍歌」，成績驕人。〈同歸於盡〉作為音樂團隊打造的另一個三部曲的首部曲，繼續延續班底的藝術性，讓人不得不佩服這個團隊的想法和大膽，能夠將駭人的成語，變成一首甜蜜雋永的歌。

很多捉不緊的　很多捨不得的
全是不肯過去的事
全是不肯散去的人
有盡

生命有盡而愛無盡，「同歸於盡」，比喻一同毀滅或死亡。然而周耀輝將這充滿仇恨的成語，變成浪漫的誓言。主歌先寫，回憶與記憶是影響人的情感要素，歌詞入題就以牽掛、回憶提醒大家，生命中會遇到不少放不下的人、事、物。「有盡」並不是心中有盡，而是這些客體事物總會逝去，曾經經歷的憾事，都會隨着對方或者我們的死亡，離開這些讓我不捨的記憶。於回憶而言，是時間、物件與身體有相互感受而發生。時間，就成為這首歌的突破口，讓我們理解歌詞中「盡」的意義。

很多不想走的偏偏必須走的　為此
很相信　到盡頭有你
到盡頭有我
親愛的　不要剎那道別
最終只會永遠悼念
美好有盡　誰因為我　會講得出

從上一段我們得知死亡是必然之事，那麼「相信」這詞語便將愛的無盡展現出來，彼此一同走到盡頭處，跨越生命，似乎「愛」的承諾卻是無窮無盡。副歌「同歸於盡／同歸於天不盡」正正將靈肉二者分開，肉體會消亡殆盡，但擁有愛的靈魂卻是「散於心裏的三世」也不會消失，即便死去，我們的愛也不會終結。此情無計可消除，誠如歌詞所寫，「散於心裏會留低／留低／全是愛／全是愛到不歸」。「同」是相互達成的結果，並不只是單一方的施予，因為人總是害怕寂寞，害怕一個人，留下的無論身處何方，都是同歸、同在的狀態，這亦是歌詞甜蜜之處。

同歸於盡

同歸於天不盡

陪一個人　陪一生一世

隨年月散開　到歸於盡

誰甘於只有一生一世

很多哀痛的　更多希冀的

散於心裏的三世　再不歸

歌名甚至歌詞能夠讓我們重新感知已然麻木的文字，甚至事物。當看到歌名〈同歸於盡〉，我們自然會聯想到那仇恨、憤怒，但周耀輝將「同歸於盡」陌生化，改變其語義，使之表意與日常的語言相互疏離，讓聽眾產生陌生感，形成耳目一新的效果。周耀輝使用的陌生化非毫無節制，他把控了字詞與人的距離，如果距離太遠，結果可能較難產生共鳴，距離太近卻讓歌詞發揮不了其美。實際上他並沒有扭曲「同歸於盡」的意思，只不過在提醒我們，一同到達盡頭不止有仇恨，原來愛，也可以走到盡頭。

歌詞顛覆我們已知的因果敘述，通常我們使用「同歸於盡」時多有玉石俱焚之意，故此其「盡」一字是由仇恨延伸到死亡、犧牲之意。而〈同〉的歌詞出發點則以愛為主，「盡」依舊是死亡，但後續「同歸於天不盡」便寫出愛的永恆。人生有許多不確定，死亡可算我們唯一可以確定的事，若然在走到死亡階段有着確定到盡頭的愛，也算無憾。

歌曲的 MV 視角同樣值得注意，在旁觀者眼中，男主角只有自己一人，但男主角卻彷彿對着空氣做了許多甜蜜之事。人鬼殊途，男主角仍在努力去完成所有想一起實現的願望，或許如同《最後十四堂星期二的課》的一句「死亡結束的是生命，不是關係」，這正正能貼合這首歌想要表達的愛，誰也遺下不了誰。

〈牙痛文學〉

我們都一樣痛過

N9

由「試當真」游學修和 Ernest 組成的 N9 推出第三首歌曲，一改先前搞怪作風，集合不同班底合寫出新歌。有別於一般的情歌，〈牙〉的 MV 和歌詞有意帶聽眾往愛情故事方向想像，然而現實卻是將主客置換，以愛情帶出人與牙齒的故事。

牙痛還是心痛，甫聽到這首歌，腦海浮現是夏宇的〈愛情〉，詩開句是「為蛀牙寫的／一首詩，很短」，到末節寫下「彷彿／愛情」，夏宇運用比喻，將愛情視為蛀牙，寫出愛情中由甜蜜到痛苦，繼而拔去蛀牙後的失落。

由九歲嗎　迷戀我嗎
坐在班房中托着半個下巴
陪我盡講　無數夢話
話過一起　將來我也不怕

但你出走　我的笑封了口
單頭照片拍得太醜
是我誤信共你可白頭

要說這是一首情歌，便可從主歌和 pre-chorus 定性這是一場稚嫩的愛情故事，「由九歲嗎／迷戀我嗎／坐在班房中托着半個下巴／陪我盡講無數夢話／話過一起／將來我也不怕」，寫的「夢話」與「將來」，便是孩提簡單的相處和約定。直到對方因為某種原因離開。面對青梅竹馬的離開，便難以將笑容掛在臉上，甚至強調失去對方而變成「單頭」照片，不堪入目。但是論〈牙〉為一首情歌，年齡和愛情觀卻有所衝突，若然將其看待成自己對乳齒的感覺，歌詞的角度又變得可愛。主歌已暗示與牙齒有關，乳齒自小時候開始脫落，九歲時落在恆乳齒交替之間，無論是上課時一手托着下巴，還是夜半開口的夢話，都與離開我們的乳齒有關，小時候的我們並不知道牙齒會替換，掉牙後拍照，笑容總會留下空洞，一些愛美的孩子也會因為門牙掉落拒絕展露過於歡愉的笑容。

大事沒有發生
怎麼抑鬱至今
大事沒有發生

小傷感准我一呻

哭過吵過　好好上一課　留下我

麻木過　磨合過

和我可會醫好　似最初

改過

到副歌寫「大事沒有發生」，便是指掉牙一事，掉牙是一件極為個人的事，而且人人必經，難以定為一件大事，配合「小傷感准我一呻」，以自己掉牙為文抒情，在意義上暗合歌名〈牙痛文學〉，實際上亦確實與牙有關。整個副歌鋪排比前面更像情歌，起初將失戀當做小事，到副歌後半段寫「哭過吵過」，最終仍希望和對方復合，強裝若無其事但建立起心中苦痛的張力。

回到牙的部分，「醫」字寫出我們因為各種原因導致牙齒蛀牙，或者掉牙期間處理不當引發的口腔牙齒問題，不得已我們需要看牙醫。配合 MV，「改過」可以理解為學懂保護牙齒的方法，順理成章延續到「我又想起你被那位觸碰」，當中的「那位」便是牙醫。

頹廢沒動　笑得很痛

我又想起你被那位觸碰

時間倒轉我不會找藉口

偷取半天假補缺口

極照料你換你的逗留

「時間倒轉我不會找藉口」，經歷牙的離開，在我們反省當中學會珍惜失去的牙齒。代入〈牙〉的視覺，或許恆齒的出現便是乳齒給予我們機會，倘若依然愛理不理，換來的便是一場更漫長的痛楚，甚至從蛀牙演變成要拔牙，屆時再也不會有機會與牙齒相處。恆齒陪伴我們直到白髮蒼蒼才離開，也算是實現兒時要與乳齒「白頭」的承諾。

或許我們都有痛的共鳴，「牙痛文學」簡單而言可理解為「為賦新詞強説愁」，刻意撰文細數自認為很有感觸的生活瑣事，然而由於所抒之事極為瑣碎和私隱，讀者根本難以理解，無法從中取得太多共鳴。對作者而言，自己寫下的「牙痛文學」或許文筆流麗，修辭巧妙，立意情深，但對一般人來説卻是無關痛癢，讓人覺得無病呻吟。

大事沒有發生
不必反芻至今
寂寞沒有原因
悲觀的苦惱自行紓困
我抱着創傷無指引
如沒法療癒我
但至少痛苦中我唱歌

不寫不說，傷感的只能是自己，但說了出來後，世界難保無人和你有同樣的感受。每個人都特別，卻又每個人相同，我們在這片土地上生活，感受的傷痛為何不能相似？就以掉牙為題，誰沒有經歷過當中的痛，從日常淬煉的痛苦，便會有其他人從其生活感受過。白居易曾寫《齒落辭》，當中便有「嗟嗟乎雙齒，自吾有之爾……齒雖無情，吾豈無情。老與齒別，齒隨涕零。」千多年前古人為牙而撰文，即便現代掉牙已然變成小事，但掉牙的不便和痛楚卻亙古流傳。「悲觀的苦惱自行紓困／我抱着創傷無指引」，沒有一條既定公式紓緩痛苦，即便不受大眾接納，也能在感同身受的族群中溫柔共震。

如游學修所言，近幾年每個人都壓抑着各種自我的痛苦，這種痛苦未必有共鳴，是一種「牙痛文學」，但這種無共鳴本質便是一種大眾共鳴，那怕只有微末，牙痛文學便有其值得書寫的價值。

〈永久損毀〉

同病相憐

陳蕾、張天賦

繼陳蕾為張天賦的〈第二人格〉填詞後，相隔接近一年，終於推出二人的首度合唱曲。大多合唱歌的歌詞以二人對話形式處理，但〈永久損毀〉卻非如此，而是兩位歌手抒發自己在感情上受到的創傷，在傷透的心中以個體合唱出共鳴。

我會的都試過
這搶救　證實完敗

你要怎麼愛我
先可以　修好我損壞

懷着希望　然後給活埋

投降　求痛快

(每次關機再試

抑鬱症　也越強大

已告急一百遍

這堅信　差點變醜態)

人造的孽　人類竟沒法　破解(破解)

主歌是一場不能自拔的陷阱，故事的時間線顯然在感情受了挫折後，第一句「我會的都試過」最為重要的是「都」字，這證明歌者為了讓自己從情傷中復原經已使用過很多方法療傷，但下一句的「完敗」告訴我們這段感情帶來的傷害讓歌者回天乏術，無法復原。再下一句的「怎麼」並不是問句，而是歌者知道自己無法修補創傷的心，故以反問數出自己的悲哀，至此，歌者亦不想有過多掙扎，「懷着希望／然後給活埋」，以為自己能夠從感情中爬出來，最後卻又重複受傷，預視自己倒不如放棄以求解脫。

情感的創傷造成解離，讓歌者恍如一個機械人失去情感，難以調控情緒。由於情感受困於過往的愛情，當中記憶、情緒和行為化為碎片刺傷歌者，亦將其困在回憶，失去對自己的定位。

陳蕾所演唱的段落宣洩着同樣的情感，「關機」是將人類當成機械，每一次關機都是心靈受到創傷，同時配合歌名中「損毀」二字。而「再試」可以理解為重新開機，即嘗試調整自己的內心，克服情傷，但顯然結局並不如意。這種痛苦是身體給我們的戒斷症狀，希望我們能夠脫離依賴情感的心。

「人造的孽／人類竟沒法／破解（破解）」，這裏的「孽」可以指對方對自己在愛情上的傷害，亦可以指自己主動跳入愛情的陷阱，反復受到別人的傷害，最終在無數次傷害疊加下，到達一個無法解決的地步，無論是依靠新戀情，抑或自行放下這無數段痛苦都無法起到作用。

重啟不了人生
畫面永遠黑暗
損毀了的我　試圖微笑
（一碰已經　熄了燈）沒神韻
（沒靈魂　沒有心）空心
（這空殼已經　不懂再熱吻）勞煩　別吻
不應再費力　重設我
（搶修不好　算了　換人　別嵌）別嵌

副歌刻畫了一個自我封閉的心，「重啟不了人生／畫面永遠黑暗」副歌開始就以「永遠」定下整首歌詞灰暗的結局，內心永遠無法覓得曙光，借用羅蘭巴特（Roland Barthes）在《戀人絮語》提到戀愛的災難，人如同機械般失去感覺，如生活在極端環境，一切都是造就來摧毀自己。一旦陷入這種想像，便無法挽回。如同羅蘭．巴特所言：「我是如此整個身心都投射到對方身上，以致他一旦不存在，我就無法再抓回自己，恢復自我。我徹底完蛋了。」即便嘗試微笑或者接觸別人，也無法重現人類的神韻，心中殘存的只有一絲善心，提醒下一個人不要再花時間在自己身上。而最後的「嵌」亦相當精彩，既體現自我認為自己心死如機械，又呈現出自己並非完整之軀，在往日失敗的愛情中，身心靈變得破碎。這種「創傷後壓力症」，令人變得自我封閉，出現社交退縮，情感變得侷限，無喜無愛，失魂落魄。其次，需要有兩件（或以上）零件才能達成「嵌」的行為，所以我們亦可延伸理解「嵌」是歌者對他者的拒絕。

世界給　感染過
都不會　再復原狀

我也好想愛你
可惜已　損毀太多趟

（停頓心臟　難道守住有　曙光）
那敢　見光

到主歌中有一句「我也好想愛你」，揭示歌者內心的矛盾，面對他者，往日情人也好、新的追求者也好，即使歌者帶着一份愛意，卻無法再愛，後句的「難道」與前文的反問一樣，強化自己喪失希望的情緒。所經歷的創傷讓我們失去對自己的脈絡，出現無望感，內心的情緒和對將來的盼望被永恆囚禁，個人自主亦被抹除，正因如此，歌詞中的「我」恍如機器一般，在感受上的無法與他人共量，反而加強了與他人的疏離和隔閡。

人生不似人生
（安心永遠黑暗）

崩潰了的我　既然完了
(誰敢說再修　可再生) 別重嵌
(別前來話　你肯　再等) 不必再等
(這空殼已經　不懂再熱吻)
這空殼沒有心　如何熱吻
(不必再試着　重建我)
三番四次地　重建我
(即使感激　勸你換人　別忍) 不忍
(情太狠　毀我一生)
不想你也　失陷

歌詞帶着這種灰暗的情緒走到最後，甚至從自己的獨白到與他者的互動都帶有抗拒的意念。以「一早」來告訴自己趁早放棄，孤單才是最終歸屬；後又以「空殼」比喻自己，世界在自己眼中早已崩塌，對外界充滿抗拒，「敢說」、「別前來」充分展現自己的不信任。最後一句「不想你也失陷」是心死留下最後一點善意，不想對方重蹈自己覆徹。

「從此無心愛良夜，任他明月下西樓。」歷經無數次傷害，讓我們失去希望。很多時候勾劃別人無法承受的傷害時，我們未必會嘗試去安撫對方，或許會被人冠以迴避之名。但〈永久損毀〉寫出真實的個體，能否解脫並不在誰身上，而是在於自己，自己心死，任憑仙丹也無力回天。愛帶來的負荷難以承受，如佛洛依德認為，這種刺激讓我們無法卸載，無法用正常的方法消除刺激。愛為我們帶來愉悅，亦會帶來心靈痛苦。而在解讀這首歌詞上也絕非必須單從愛情方向解讀，畢竟，我們愛的不止人。

〈青春告別式〉

從不變中捉緊遺憾

張敬軒

〈青春告別式〉在 2023 年 12 月 31 日派台，張敬軒在除夕推出此歌，呼應了歌詞中「要在大除夕中將你抱緊狠狠倒數」。由十年前的〈青春常駐〉，到今天必須承認青春即將消逝，面對時光，我們又該抱緊甚麼？回憶黃子華在金像獎的發言，歲月是最大的神偷，在這個神偷怪盜光臨我們的生命中，黃偉文告訴我們，珍惜，便能守護自己所鍾愛的東西。

發現了白　滲入黑的瞬間
那份震撼　遲遲無法習慣

講好的　浪漫一番　拖一拖　殘餘半晚
黑髮被　攔途截劫　不會再奉還

逆轉時間的永恆與一瞬，回想小時候，時間過得很慢，足夠我們百無聊賴地發白日夢；長大後，時光在不知不覺間已然消逝。這與心理學上的「時間感知」（Time Perception）有關，隨着年紀漸長，擁有的記憶越多，時間就過得越快。〈青春告別式〉中充斥着「客觀時間」及「主觀時間」的拉扯，寫出眾人心中的青春遺憾。

歌詞首段寫主觀的時間感知。歌者在碌碌人生中回頭，以為自己尚年輕，在回首剎那才發現時光飛逝，黑髮中已參雜縷縷白絲。歌者不知道自己何時變老，在主觀的角度中，時間恍如驟然逝去，使他難以接受。下句延續歌者對自己青春不再的感覺，歌者年輕時想過要追尋浪漫的愛情，但在一再拖延下，只「殘餘半晚」。此處以夜晚比喻年華不再，為了進一步突顯剩餘的時間不多，歌者強調餘下的只有半個晚上，流逝的時間也不能扭轉。

不去　談場禁戀　不甘心　就此變老
要在　大除夕中　將你抱緊　狠狠倒數
返老還童　去找　赤子心　為你傾倒
當初只欠那一步　今天不做就變老
不要在　彌留夜裏　先去抱抱

而在兩次副歌中，時間則由主觀變為客觀視覺。「不去談場禁戀／不甘心就此變老／要在大除夕中將你抱緊／狠狠倒數／返老還童／去找赤子心為你傾倒」，與上段的主觀感知不同，歌者對自己呼喊，時間並不是真的逝去，他在年少時留下的遺憾也不是無法逆轉，勉勵自己應忠於內心，追尋真愛。在客觀的視覺，時間只如平緩的河水滑過，沒有所謂老不老之別。誰能定義何為青春不再呢？青春的界限又在哪？其實客觀來看，根本沒有變老一說，白髮不過是自我給予的限制，古有晉平公七十歲仍然願意炳燭而學，努力尋找生活的火花，活力無限；也有人三十歲就覺得自己已經老去，無法享受生命的樂趣。「當初只欠那一步／今天不做就變老／不要在彌留夜裏先去抱抱」，歌者強調青春與否，只在有沒有行動，努力地圓滿自己的生命，若把遺憾放至腐朽，靈魂只會被塵土淹沒，那就是真的變老了。

白髮出現固然是客觀告訴我們年歲增長，青春與老卻是我們主觀賦予的概念，同樣，返老還童的不是歲月，而是我們的心境，青春不止十八歲，八十歲也可以青春的心境彌補遺憾。

聽說皺紋　非一刀刀刻滿身
剎那降臨　猶如群發地震
苦修的　萬毒不侵　抓緊的　猶存風韻
一夜　全盤叛變　沒有等人

時間的本質就是我們，皮膚會隨歲月流逝逐漸鬆弛，經過長久的時間才能形成皺紋。歌者反省自己並沒有仔細地感受時光，身上的皺紋恍如突然出現。他以地震比喻皺紋在他主觀感知下出現的過程，在剎那間裂痕遍佈全身，避無可避。青春其實正正是延長的「假日悖論」(Holiday paradox)。「假日悖論」本指人經歷美好的時間，大腦會被豐富的浪漫感填滿，沉醉其中，時間的概念模糊，猶如受到壓縮。因此當我們面對社會，在日復一日的工作中熬煮自己時，發現自己顯出老態便覺得震撼，亦發現自己尚有不少心願未了。

不去　談場禁戀　不甘心　就此變老
要在　大除夕中　將你抱緊　狠狠倒數
返老還童　去找　赤子心　為你傾倒
當初只欠那一步　今天不做就變老
不要在　彌留夜裏　先去抱抱

不教旁人髮指　不甘心就此變老
背着　路人目光　跟你吻多一刻也好
精緻　皮囊髮膚　見少一面　已不保
剛剛出發已抵步　青春一夜就變老
不要待　荼蘼謝了　先約跳舞

青春與老，既是客觀，也是主觀，全憑我們如何看待。歌詞的時間感知反復在主、客觀視角交替，一方面覺得自己的青春已完結，沒有完成的遺憾就由他隨着青春離去；另一方面又認為如若放縱自己，聆聽心底的渴望，或許能延續當年的感情。主觀及客觀視角的拉扯就如歌者心中的矛盾掙扎，遺憾就在眼前，要盡力一搏，還是由它隨風飄去？「要在大除夕中／將你抱緊／狠狠倒數」、「背着路人目光／跟你吻多一刻也好」二句中，歌者暢想自己與所想之人的甜蜜，並未給予答案。

其實，答案一早在歌名，亦藏在歌詞末段。黃偉文在〈青春常駐〉寫出青春離開的遺憾與期許，在〈青春告別式〉則提醒我們，有些時光與人已經敲定會離開，何不抓緊自己的時光、自己的青春？到歌詞最後一段，「精緻／皮囊髮膚／見少一面／已不保」，皮囊髮膚既指青春，亦指青春時的理想與渴求。當年的櫻花無法長久盛開，但櫻花化泥，又再轉生，這是她的不變。等那日我們在離開和追車的交點分開，那棵百年樹木見證我們自欺欺人，後悔真的精彩嗎？或許對年月的離開略顯遲鈍，但不要待到荼蘼花謝仍猶豫不決，「青春一夜就變老／不要待／荼蘼謝了／先約跳舞」，時光可以在霎時逝去，在它離去前，應順從自己的內心，不用理會世人的目光，用那顆赤子心追尋當年櫻花樹下讓我們魂牽夢縈的那人那物，讓自己的青春不留遺憾。

〈靈魂有路〉

尋找各自的安好

雷同二友

雷同二友的〈靈魂有路〉，合作契機誕生於異地，由林家謙作曲，Oscar 填詞。人生說走就走，也許是短暫分別，又或天人永隔，據雷同二友在訪問中提到，在聽這首歌的 demo 時便有些有關死亡的意象湧出，於是結合自己的經歷交予填詞人，創作出一首新時代的輓歌。

我　我沒法篡改日期
還望你見諒　上　路的人
我　也沒法　撰寫劇情
留下了缺陷沒法變更

（凝　望　着你抖震）

只可輕輕拖你

予以安慰　難　逃被記恨

不　想走不想去　但吶喊失去回音

作為歌詞的重要意象，我們要先釐清「靈魂」為何物。筆者認為靈魂在歌詞中指涉死亡與離散者。我們一般認為靈魂與身體存在關係，無論東西方不同宗教皆有涉及靈魂的哲學與定義。譬如佛有因果與極樂；天主教、基督教有天堂和地獄一說；東方亦有形、影、神一說，但無論哪個宗教，人死後的靈魂皆有其歸處。作為歌者，雷同二友在歌中化身天使，面對離開之人，她們以一種溫柔卻不可抗的話語來應對他們，以溫柔解構死亡。

歌詞中以「沒法篡改日期」和「沒法撰寫劇情」帶出作為引路者的無奈，縱然知曉不捨，卻無法逆轉天意，只能以溫柔的行動，例如「輕輕拖你」和「予以安慰」來伴隨逝去的人走下一段路。歌詞呈現一幅溫柔的境況，填補人們對死亡未知的恐懼。然而在第一段主歌，亡者似乎無法接受離開的事實，還是會以「吶喊」表達自己不想離開的想法。整首歌不斷以你我作敘事，我們總覺得離別是一種殘缺，故此在一開始，歌詞就摒棄與死亡有關的負面詞語，諸如後悔、恐懼，無奈等情緒，轉而採用希望和美好的語調處理死亡，試圖為亡者帶來安慰，同時亦向在生之人表達希望。

我願你可以快樂

自由迴盪　再別記殘破軀殼

沿路我願你聽到配樂
然後拍打展開的翅膀
靈魂尋路看下半章節揭幕
天際遼闊　會有理想國
記住了安眠的感覺
哼唱吧　用這首歌引路　再盛放

由此引入副歌，「我願你可以快樂／自由迴盪／再別記殘破軀殼」，此處填詞人嘗試捕捉亡者不捨的因由。我們頂着這一生的身體，與人生中不同的人交匯接觸，人們記得的是我這一生的軀殼，但這不代表死亡便會將所有痕跡抹掉。形滅神不滅，我們的靈魂長留不滅，以另一種方式留於世上，並沒有真正消散。形體不過是寄託，故而我們應該重拾心情，方死方生，在回歸靈魂恍如開展下一段新的人生路途，因此詞中寫到「看下半章節揭幕」，消解對於死亡的虛無。同時，填詞人又用「配樂」、「翅膀」讓聽眾浮現天使的輪廓，繼續以一種無比溫婉的方式，引領逝者以新的姿態存於世上。

人生所經歷的如電光幻影，一瞬即變，一幕幕「佈景」不過人生的虛幻，何必執着，曾經圍繞自己的痛苦不過也如流星，一閃即過。到歌詞後半部分，承接交互的敘事，領路人貫徹溫柔的語調，一邊安慰靈魂，而靈魂亦由難以接受死亡，然後經歷引領，只想好好回顧自己一生，然後開悟，放下對塵世的執念，接受自己要離開。

痛　散落到遠方地平
無力控制讓歲月歸零

（行盡破碎路程　越過感性）
你　怨恨愛那些事情
全部已撇掉　幻化佈景
（彷彿更加清醒　無人確定）

偏偏怎麼揀你　我不知道　其時自有命
（但求陪着你慢行　回看生命）
當初幾多苦惱　現在也不過　流星
（橫渡海角及絕嶺　是時候告別這傷城）

對於死者，前路仍有光芒，然而離散的人，同樣在異地過着新生，而我們，必須學會承受離別的痛楚。

人類由古及今都在不斷改變的生存處境中經歷離散，無處無之，這一點在後殖民地時代更甚。離散者生命背負痛苦，無奈下他們因為各種原因需要遠離原鄉生活。對他們而言，生命同時承載過去與現在，難以負擔。「過去」指自己對原鄉的經歷和情感，他們無法割捨，只能切實感受失去與分離；「現在」則是人在異地，無論生活、文化、記憶種種都難以融入，日子過得身心交瘁。

「橫渡海角及絕嶺／是時候告別這傷城」，何嘗不是在說着離開城市前往他鄉的人。離開，意味他們在原居地的生命死亡，在新的地方重新生活，要如何平衡心態，是這群離散者必須學習的課題。「記住了安眠的感覺／哼唱吧／用這首歌引路」，安眠除了指死亡，亦指留下來的人也需要一場酣暢的睡眠來面對多變的世界，放下靈魂在我們心中的重量，學會釋懷。回顧人生遇到流星砸出的坑窪，總會跨過去，靈魂會遇到光，我們也會。

我願你可以快樂
自由迴盪再別記殘破軀殼
沿路望到光　我願你聽到配樂
悠然拍打展開的翅膀
（給你嚮往）這下半章節揭幕
天際遼闊　會有理想國
（無負在塵俗裡闖）
記住了安眠的感覺
哼唱吧　用這首歌引路（路中始終有歌）
會盛放

聚散有時，或生或死，無論面對哪一種別離，〈靈魂有路〉告訴我們：彼岸的那位過得很好。對離開者而言，這是一首懷抱希望的歌，但願對方能夠聽到；對我們來說，這是一首帶來安慰的曲，只願我們從中知道對方的路在前面盛放，一切安好便足矣。

〈不求月老〉

打破命運的既定

許東晴

由韋禮安和製作人 JerryC 作曲，九把刀填詞的《月老》電影主題曲〈如果可以〉，歌詞講述電影中角色命中註定的情感宿命。而挽歌之聲改詞的〈不求月老〉，則更似是觀眾的電影觀後感，帶出自己對於電影中不同愛情的看法。

蟬給聽見　飛鳥或傾心過半天
可有再一世能遇見？
蟬鳴奉勸我　如未吻妳
明日連場劇變

一聲再見　能像一種欺騙

情感　一眼一瞬　一應生
一語一笑　誌一人
要是永未老死
萬年步塵　仍待抱緊

故事是長情衍生的悔疚，蟬是男主角的上一輩化身，故此〈不求月老〉主歌以蟬開頭，配合「可有再一世能遇見」呼應電影的輪迴設定。蟬象徵着男主角，蟬鳴便是男主角在死後對自己的一種悔意。與九把刀以往的青春電影相似，男主角總帶點稚氣，《月老》中的石孝綸也不例外，在電影開首與小咪相處同樣顯得些微吊兒郎當，未能完成照顧對方的承諾，自然落下對未來的遺憾。誰都不會料想到一道雷電落得猝不及防，就將自己生命帶走。帶着死亡的再見，就恍如對愛情允諾對方一生一世的背叛。第二段主歌詞人刻意運用多個「一」字，「一」字強調着愛情本質有一種難以讓人抗拒的荒謬。很多時候，歌詞的「一」字就在反覆強調情感誕生那一瞬間。同時「一」字亦與「萬年步塵」形成張力，帶出電影主角即便死後仍愛着情人的長情。

祈求月老　給我撰寫　一世紀的祝禱
可倒退某日　雷雨傾倒
多喜歡你　的默念　仍在半途　多想你知道
約定過　應諾過　陪着我無懼因果與業報

副歌的祈求月老頗具意思，有種順應與打破命運的意味，填詞人希望月老「可倒退某日／雷雨傾倒」，石孝綸死後在地府擔當月老，自己其實沒有能力逆轉時間，讓自己繼續繾綣，更要在人間為男女牽起紅線，生出一種壓抑鬱悶之感。月老借代為神仙之名，希望可讓那場令情侶陰陽永隔的雷雨倒退，然而這個願望顯然沒法實現，也為後文歌詞的最終主題定下基調。石孝綸的願望更多是幻想，在強化一種不可逆轉的事實。逃避是幻想的核心，價值在於它映照、重建我們認知的現實世界。對他而言，死亡的不可逆轉是事實，他渴望逃避死亡而繼續與小咪相愛，故此幻想可以從頭來過，這種渴望進入一個溫馨絢爛的世界，一方面反映石孝綸在現實中遇到的苦痛，另一方面也表現了精神所追求的東西，希望重建修補自己認為的現實。

呼應〈如果可以〉的「如果可以／我想和妳回到那天相遇／讓時間停止／那一場雨」，停止就只是靜止，當時間繼續行走之際我們只有重歷一次死亡的機會，也是原來歌詞希望帶出「宿命」的主題，命運之下我們受着前世今生的業報左右，無法改變，正如石孝綸扭盡六壬最終亦無法得償所願，只能希望回到那天多享受一份愛。但在粵語版歌詞中，我們卻可以讀到一種渴望打破輪迴的念頭，倒退後可以選擇，倘若石孝綸沒有站在大樹下，沒有去打籃球，或許死亡的結局便會改變，這正正是挽歌之聲希望帶出不想受命運擺佈，而由自己決定命運的想法。

偏不能　講不敢

有一吻　魂落灰飛都要吻

哪管輪迴　肉身要自焚

桑田　滄海　等有種愛　頑石般不肯變更

存留着餘溫

祈求月老　給我　撰寫一輩子　的祝禱
躲進妳腳步　陪妳剛好
春風　秋雨　冬夜　夏晨　亦有勞
分給我一睹　約定過　應諾過
仍同途　明日清早

祈求月老　給我　撰寫千世紀　的祝禱
反正我每度　為妳傾倒
今生　他世　不日　萬年　亦有勞
分給我一睹

有道線　能繫上　不求月老

到〈不求月老〉最後的「哪管輪迴／肉身要自焚」、「有道線／能繫上／不求月老」，挽歌之聲徹底帶出心聲，電影中石孝綸最終為救小咪而灰飛煙滅，那份愛是到死也殘存溫度，既然如此，我們能否擺脫命運的操控，自行決定所愛的一切。傳說月老按鴛鴦譜為世人牽紅線，每個人的姻緣皆與月老有關，歌詞的月老就指涉命運，讓我們宣洩能否不受命運擺佈的獨白。

電影以輪迴作為推動劇情的系統，談到命運安排就要了解佛教的因果。佛教認為一切的發生與消滅都受因果支配，包括生死輪迴，有因必有果，我們遇上各種的「緣」會不斷變化，而自心的「行」每走一步都會讓未來的結果不同。緣與行是隨時隨地都在改變，沒有所謂宿命，或許石孝綸當初的決定不同，因果便會與既定發生差異，甚至上一輩子的因，會帶到這一輩子的果。如同電影的蟬與鬼頭成，當日鬼頭成沒有放掉上一生的石孝綸，這一世石孝綸就不會解救自己離開苦恨。因果微妙，難以三言兩語談清，但命運沒有既定，選擇在我們手上，如何書寫自己的命運就全憑心中的念。

〈老派約會之必要〉

對比的張力

張天賦

不知道你有否問過父母或者再上一輩的人是怎麼交往，有甚麼活動、會說些甚麼，是否真的文縐縐，又或者牽牽手會臉紅？未必每一個情侶間的相處都可以一言蔽之，但相信這首歌會讓你重新反思愛情。張天賦（MC）的〈老派約會之必要〉，歌曲主題圍繞穿越元素，在編曲上副歌加入中樂配合歌意。歌詞由黃偉文填寫，取材自台灣作家李維菁同名詩作，抽取當中對現代愛情的看法延展寫成。歌詞結構通篇以新舊愛情的特徵作對比，突顯老一輩愛情的細水長流。

該怎麼初次約會　實在極費思量
起初先推我兩次　挫我氣燄都正常
再約便說好　以里數換你獎賞

找一間小店吃飯　浪漫大戲開場
於燭光跟笑意裡　談談童年　提及理想
吃到侍應生　靜靜話現已打烊

飯後未倦嗎　跟我逛逛　再送你歸家
我可以為你　關起手機　純靈魂對話
怎知道霎眼　就談到　赤柱了
錯過了　你我的家

踏入不斷進化的數碼時代，通過手機接觸世界變得輕易快捷，與此同時現代的戀愛觀亦隨之發生變化。交友軟體或是社交媒體均讓彼此更快獲得對方的資訊，日常生活、興趣愛好都一覽無遺，正因如此，過往交往需要時間慢慢了解對方的過程大大減省，甚至誕生「速食愛情」的詞彙。但整個主歌描繪的約會雖身處現代，氛圍卻不是現代戀愛般急速。約會需要數次邀約以表誠意，簡單一間安靜的小飯店吃飯聊天，飯後浪漫閒逛，整個節奏緩慢，與香港社會的節奏交錯，讓歌曲想要表達的綿長更為深刻。

寧像個書生　初約佳人（與你有種牽引）
蝴蝶滿心飛　不過　未走近（勝過世間一見就吻）
多想　一見即吻　但覺相襯

何妨從夏到秋　慢慢抱緊

明月正偷窺　這對璧人（兩個坐這麼近）

何用太心急　一晚露底蘊（故作老派手卻在震）

承襲　古典小說裡　優雅的情感

情願　待新婚才獻吻

詞人在副歌配合穿越的製作意念，用古今去強化對比，運用大量古代意象突出追求的悠悠愛情。蝴蝶自古便有強烈的戀愛象徵，例如李白的《長干行》「八月蝴蝶黃，雙飛西園草。」或是《梁山伯與祝英台》死後化蝶，此處詞人意指內心即便像蝴蝶被花蜜吸引，也選擇抱有矜持，以文火熬煮愛情的湯，對抗現代愛情的一見即吻。詞人在後亦用「璧人」、「底蘊」、「古典小說」等字眼加強古風之感，強調嚮往古代的綿綿愛情。到「西廂」和「紅樓」二詞，除了呼應副歌所用的「古典小說」外，更指涉其愛情元素，讓歌詞更為飽滿。這令筆者想起《紅樓夢》第十九回的含蓄婉約，只「生情」而無「色念」，對比現代的愛情較為純潔。誠如歌詞提到「誰狂熱／會自焚」，詞人在歌詞表達出現代愛情觀的急躁反倒讓彼此失去更多。

其實除了整個意念以對比建立外，歌詞的句子亦反復以對比作為結構，加強論證觀點的力度。譬如「不急於一晚散盡／十萬夜那溫柔／一針針／跟你刺繡／年華悠悠／怎會悶透」以及「誰又要火速／私訂終身／甜蜜每日一小片比較動人」皆見詞人重複提醒着以往的愛情是靠雙方一點一滴累積，彼此繾綣比現代戀愛新鮮感和激情更加誘人。

當然，愛情豈能一言蔽之，每個時代每段愛情都難以用數闋詞蓋棺定論，說實話，即便古代又怎會每一對愛人都相敬如賓，大家微醉寫詩作對，倘若如此又哪會有《上邪》的「天地合，乃敢與君絕。」愛得轟轟烈烈。但黃偉文選擇採用大眾對古今愛情的既定印象作為創作核心，卻又能讓聽者更快領會到其中希望用對比表達的意思，這首歌詞會使人重新思考自己的愛情觀，自己嚮往哪種愛情？或許你並不認同綿厚悠長的愛情，但至少歌詞的目的能夠達到讓你思考哪一種愛情更適合自己。

〈老派約會之必要〉第一段主歌黃偉文明顯致敬李維菁，開首便是與原作第一句呼應「帶我出門，用老派的方式約我，在我拒絕你兩次之後，第三次我會點頭。」其中的「小店」、「童年」、「理想」、「關起手機」同樣可以在原作各處尋回蹤影。而上文提到的「月亮」到「最後的路燈」皆是呼應李維菁的詩作，其他的彩蛋就不一一列出，留待大家細味發掘。與李維菁的〈老派約會之必要〉不同是原文更包含了都市女性面對愛情的不對等，選擇以天真的心態對待愛情等的觀念。如此，黃偉文的歌詞未能彰顯李維菁數種價值觀是否就該稱作失敗？又可以想想倘若歌詞與原著內容貼合又是否抄襲？與電影改編文學作品不同，歌詞並不是打着改編的旗號出發，而是通過作品帶給填詞人的觀點誕生出來。於筆者而言，〈老派約會之必要〉為黃偉文帶來對現代愛情「速食」的抗拒，由此歌頌昔日愛情，一種不快不慢，跟着二人相處步調，一步步將一段關係經營圓滿的節奏。

第三章

禪與新紀元的靈光

〈水刑物語〉

現實的窒息感，自我超度妄念

柳應廷

柳應廷（Jer）推出「物語三部曲」，其中第一首的〈水刑物語〉大獲好評，筆者第一次聽時已被吸引。〈水刑物語〉與另外兩首「物語三部曲」（〈迴光物語〉、〈風靈物語〉）均由小克執筆填詞，王雙駿編曲及監製。歌曲乃至歌名都有電影《忘形水》（The Shape of Water）的影子，其中小克改的「刑」字透露歌曲鬱結的基調。毫無疑問，刑的殘酷與水的無常恐怖能夠產生共振。水刑種類繁多，由窒息、失溫到水中毒皆有，與 Jer 當初的創作理念——失戀的感受相當配合。而主題更是由此延伸，談及自殺。歷來以死亡或者自殺為主題的歌曲並不多，為人熟知的應該是林夕填詞的〈黑擇明〉，再近一點便是黃偉文所填的〈井〉，上述歌曲都有談及自殺，亦不約而同地帶有勸喻的意味。就如〈黑擇明〉「死亡遲早都找你／切勿憑自己」、〈井〉「不應偏執到死／先清楚記起／根本這是歪理」，而〈水刑物語〉同樣講輕生，卻有另一個解讀的方式。

懷抱了怨恨　困溺海中心
沉重到缺氧時　無從翻身
仍故意抱憾　往深淵終生
沉澱到碰見神　卻不靠近
讓世界變暗

歌詞第一段相當直接，飲恨的歌者沒有「釋懷」二字，在海中心遇溺，到缺氧接近死亡時並不掙扎，反而往深海更進一步，是鐵了心欲尋死。抑鬱的浪潮如海一浪接一浪，泛起陣陣絕望。筆者認為「神」應指能為其帶來新生，形象正面的神祇，而非死神，如此一來當歌者不靠近神，才會令世界變得黑暗，此處的神可以是實在的拯救者，亦可以是海中窒息瀕死的幻覺。後面的黑暗同樣可以分為肉體與精神層面理解，遇溺窒息慢慢就會昏迷，同時海越往深處便會越黑，精神則是自甘墮落，放棄人生或生命。恍如《斜陽》或《人間失格》的角色一般，沉淪、墮落、自我毀滅身份。

光線　引我　再次回眸
岸邊　伸出　這一對手 Yeah~ Woo~
你解開了　毒咒
聲線　領我　再往前游
上升　身軀　找到缺口 Yeah~ Woo~

你敞開了　白晝

到副歌段似乎出現轉機，在深淵的黑暗中出現了一束光，本該一沉不起，卻在光線的引導下回眸，出現了一對實在的手嘗試解救自己，甚至發出聲線引領自己上升，尋找到墮落的缺口。你是誰？前文提到水變幻無常，筆者覺得副歌是歌者展開的一場自我救贖，光線是「我」，聲線也是「我」，諸法因緣和合而生，妄念與生命在死亡的邊緣角力，而似乎妄念未能令歌者消亡。

誰救我我問　誰會夠我笨
沉默對答惹來　鯨魚生吞
難化作養分　酸苦中自困
沉下去這廢人　決心關燈
讓世界更暗

第二段主歌進一步印證副歌自度的表現。妄念與自我醒悟抗衡拉扯，主歌是妄念的壓迫，副歌則是自我的超度，而明顯副歌呈現的力度更為強勁，此處下文再談。說回主歌，妄念令歌者自我責怪，甚至惹到懂得與人類溝通的鯨魚將其吞下，鯨魚向來在深海覓食，這亦側面表達了歌者進一步沉到深海，心情經已頹唐得認為自己連養分也不配做。「燈」一字，既表達歌者要放棄第一段副歌的生命曙光，同時亦確切表示自殺的念頭。「燈」在佛學有菩提心之意，《華嚴經》有記：「譬如一燈入於暗室，百千年暗悉能破盡。」《大集經》亦曰：「譬如百年闇室，一燈能破。」妄念領我們尋找陰鬱，副歌的光線是破暗之物，但到此處歌者卻選擇放棄打破妄念，讓自己繼續墮落。此外，俗語「人死如燈滅」，既然主動關燈，便是寓意自己放棄自己的生命。而主副歌之間的交錯，亦是自我掙扎的表現。直到最後一段副歌，出現轉機。

一笑　引我　再次回眸（墮進深溝）
岸邊　伸出　這一對手　Yeah~　Woo~（救生出口）
再不需要　獨奏
一吻　領我　再往前游（茫茫宇宙）
上升　身軀　找到缺口　Yeah~　Woo~（某顆星斗）
也找到了　伴奏

在最後一段副歌深化了矛盾的概念，第一句「再次回眸」接着「墮進深溝」，上文提到歌者理應越發墮入深海，這妄念驅使歌者離死亡越來越近。可以注意，小克從第一段副歌運用光和聲，到最後變成更為具象的笑和吻，並不是距離希望近了，而是越來越遠，由接近海面能夠聽到的光和聲音，演變成在海底絕無可能遇到的笑和吻，這是死亡的幻象。那麼「救生出口」、「再不需要獨奏」到「茫茫宇宙」、「某顆星斗」這一系列解脫意味的字眼，又代表甚麼？筆者認為，這是對自己的另一種釋懷。或者開初歌者真的能夠自救，真正離開大海。但是能夠真的活下來，隨之會否被怨憎繼續纏繞？現實的窒息感仍在，自己能夠解救這一次，哪下一次呢？沒人知道。因為現實的壓迫，才驅使「我」甘願溺於海，我們都是凡人，縱使能夠打破這個妄念，然而在這個恐怖的社會，又如何真的能諸法皆空。

茫茫宇宙和星斗，是歌者到達的另一個世界。換個角度，歌者正自我超度。要超脫塵世並不容易，心猿意馬，處處妄念，當人迷時佛會渡你，悟時卻是自性自渡。筆者認為光與聲是遙遠抽象之物，就如虛無的佛祖度你，但那時候還未想通，一心尋死不過想擺脫煩惱，因此繼續往海底去。但後來的笑與吻，卻是自己給予自己的解脫。只有自己覺悟，方能真正逃出這個壓迫生命的世界，進入另一個境界。假若我們將歌中的死亡看成拋棄妄念，自渡自性，便會如《金剛經》言：「何期自性本自清淨。」六祖惠能所說，人有自性三寶，一旦自心能歸依淨，那麼一切塵勞、一切愛慾，自性皆不染着。我們有千百億化身，一念萬變，不說修法成佛，只是放下從前一切，將過往的種種放到海裏。到副歌歌者沉到海底，否極泰來，去蕪存菁，洗淨阿賴耶識，勘破世界。所謂世界無形無相，不過是我們眼中的世界，是海是星亦無所異，洞悉現實的煩惱塵垢，看成甚麼都可以。

〈水刑物語〉是一場自我超脫的過程，由受傷害放棄自我，到悟明本源的行動，逃出這個恐怖的現實，便不需要面對世俗，也就是歌詞當中的「也找到了伴奏」。

〈迴光物語〉

救贖靈魂與重生

柳應廷

從大海到宇宙，宇宙究竟在哪裏？筆者將從救贖去討論〈迴光物語〉。談到救贖便逃不開懺悔，「懺悔」一詞誕生自宗教，承於文學作品的救贖各有意涵，譬如《懺悔錄》便蘊含基督教原罪與救贖的觀念；東方佛教中同樣蘊含懺悔概念，顯露自己所作過的惡，再行反省。後來不少文學作品撇除宗教概念也有注入懺悔的元素，文學中的懺悔與宗教不同，更傾向於個人自剖，不見得一定有譴責或懲罰，卻是一個能夠自我辯白的過程。但不變的是，懺悔過程包含「罪人」、「救贖」兩個層面。〈迴光物語〉透過個體的煎熬、懺悔，希望為三部曲故事的主角清洗所犯下罪得以重生。如王平在《生的抉擇》提到「人只有通過自我悔悟才能在倫理上選擇自己，只有通過悔悟，人才能成為具體的，只有作為一個具體的個人，人才會是自由的個人。」

昏暗中　街燈與流螢
燦爛裏起舞
有沒有　擔心絆倒
不可歸家那漫長路

在第一段主歌，詞人小克描繪了昏暗的場景，再以「街燈」與「流螢」兩種帶光的意象營造一種再昏暗卻帶有希望的景象。但街燈與流螢一樣，並非強烈的光，街燈暗黃柔弱；而流螢在綻放光芒後便會消亡殆盡，亦非永恆之美。一如林若寧為吳雨霏填詞的〈流螢〉，就帶出螢光並不會永恆地亮，這光最終會消亡殆盡，希望或許最終會消失。有趣的是不論街燈或是流螢的方位都在上方，我們看街燈需要仰頭，螢火蟲同樣需要仰頭去望，這與〈水刑物語〉副歌描寫的視角有異曲同工之妙，光線在上，歌者在下。那麼螢火蟲是為歌者而滅嗎？連結〈水刑物語〉，歌者在〈水刑物語〉中認為世間的煩惱已無法解決，他選擇輕生以尋求解脫，但似乎命運尚未結束，在懲罰帶罪的我們。歌者對所犯下的罪孽並沒有深刻的認知，只認為這個罪孽會令他歸家、解脫的路更為漫長。小克在此就留下伏筆到下一段，待光消失後便進入黑暗的環境。

幽暗中　凝望飛灰化作浮塵
結聚似　荒島
那地厚　與這天高
仰首一笑　不知道

從昏暗到幽暗，表示已經失去光線。似乎大量螢火蟲，亦即希望都化成灰，堆成一個島嶼。〈水刑物語〉的覺悟，去到一個自以為可以解脫的新宇宙，但為何所面對的同樣是了無生氣的黑暗，筆者認為這是自己為靈魂的另一面作最後解脫。如杜斯妥也夫斯基在《卡拉馬助夫兄弟們》中帶出每一個人的靈魂世界裏都有兩種不同而互相對立的深淵。歌者在自我了結後發現輕生只是他自認為的解脫。他在世間本沒有犯下任何罪行，但是自殺這個傷害自己的行為卻構成了對自己的罪，反而使他另一面的靈魂受罪束縛。在〈水刑物語〉中從一開始輕生到轉念為解脫，才赫然發現在〈迴光物語〉中因為輕生而來的罪尚存在宇宙，歌者需要把這顆萌生過的種子摧毀方可獲得新生，故我們遇上贖罪帶來的苦。

我被遺落　在寬廣的　銀河
面前繁星　多不勝數
卻沒半顆　樂於照亮　新去路
漆黑之中　堅持望見　光譜

歌者被誰遺落？筆者認為這個誰就是「自己」。為了得到靈魂上的解脫，歌者只好一直尋求放下罪孽的方法——為自己贖罪。這個被遺落的痛苦正正是救贖自己的必經過程。感受自我遺棄的痛苦，孤單、無助、漆黑，本來世界面前可能有無限機會，但現在因為我們選擇了離開自認為恍如地獄的現實，面前沒有人生的去路，亦未能重獲想要的新生。但歌者覺得既然選擇重投生命，那便堅持尋到希望，這是說服自己的行動，洗去放棄自己的罪孽。

黑暗中　等不到黎明

這雙眼　看不出恐怖

已習慣　處身孤單的煎熬

披星戴月　以淚光　照地圖

回到主歌，歌者尚徘徊在黑暗中承受自己種下的痛苦，如何能夠逃離痛苦？唯有放下種子方可以脫離自己種下的罪。不過此處重點在於「淚光」二字，眼淚需要有光才可以折射。光從何而來？歌曲到這裏的結構便展現光開始重新出現，這代表在歌者身處的空間確實有希望存在，但尚未足以讓他徹底放下束縛自己的罪，因此無論光譜或地圖皆未能帶領歌者洗刷舊有的罪。不過如魯迅言：「凡是人的靈魂的偉大的審問者，同時也一定是偉大的犯人。審問者在堂上舉劾着他的惡，犯人在階下陳述他自己的善；審問者在靈魂中揭發污穢，犯人在所揭發的污穢中闡明。那埋藏的光耀。」進入這層層遞進的黑暗，由昏暗到幽暗到黑暗，是覺悟的「我」面對從前犯下的罪，而光由熄滅到有淚光，則是在罪中找到前路的光。故此到第二段副歌，詞人作了些許改動，「漆黑到底／尋遍光線／那預告」，暗示黑暗快將終結，透光的重生將近。

遙遙盼望　沒有光

茫茫宇宙　它破滅　成全美好

這一段承接一個有趣的故事，小克在社交媒體中提到原來版本應為「茫茫宇宙／沒有光／遙遙盼望／它破滅／成全美好」，如此一來就帶出詞人希望將存在的宇宙，亦即是這自覺帶罪的靈魂需要破滅才可令自己重生。破滅的是整個靈魂，抑或其中的觀念，小克在最後副歌便提出想法：

永恆流落　在寬廣的　銀河
淡忘前因　不顧後果
最後我　石破天驚　來全力粉碎
新與舊　星宿　同創造
一刻天荒和地老

最後一段副歌提到歌者要淡忘前因，這裏的前因便是指自己一直以來仍然用世俗的對錯去判定自己是否完整、是否有罪，即在〈水刑物語〉的歌者並不是真正解脫。所謂的對錯只是人類對自己的枷鎖、是社會之於人的判斷。因此歌者要淡忘前因，這個前因即是世俗中的對錯之分，「不顧後果」即不用再理會會否犯下罪孽，忠於自己的心即可。到了這一刻歌者發現需要放下的不是自己曾經的錯誤，而是對錯的觀念，全力追尋自己渴望的新生。粉碎所有不自然的、來自外界的束縛。不用刻意放下，也不用刻意忘記。在心靈游過最後一趟，無論是自己新的思想或是舊有的念頭，應當變成經驗與養分，淨化整個舊生命的靈魂，才能徹底將自己救贖，享受靈魂兩面的重疊。

〈自毀的程序〉

不止一個枯山水

柳應廷

〈自毀的程序〉以「枯山水」的概念及利用其所呈現的矛盾讓筆者思考一番。在日本，許多寺廟、傳統建築的庭園都會以砂、石、綠樹、苔蘚設計成「枯山水」，顧名思義便是一種不使用水，而以砂石模擬山水景象的造景手法。這種以砂代水、以石代山的簡潔成為日本禪宗用於修行之用的哲學。

之於歌詞而言，筆者會將〈自毀的程序〉看待成一個愛情的加減概念，一人對於關係希望「減」，為彼此留下美好就足矣，徒添任何也會破壞僅存的美，無論對於彼此的溝通抑或其他。但留戀的人卻渴望彼此可以繼續「加」，即便分開仍希望對方可以對自己有一套說辭解釋。或者說，說辭並不是重點，而是我們之間可以繼續「加」，「加」了對話或接觸，讓彼此仍有所謂的「關係」，一條能夠自我安慰的絲連。歌詞中的庭園枯山水，筆者會理解為二人共同建立的回憶，因此「你」才會在枯山水的漩渦中不斷打轉，只為留戀昔日關係，無法離開。當「我」想為彼此的關係不斷「加」上任何東西時，卻正正違背枯山水的禪意，減至極簡才能最美。

你再兜一圈　再兜一圈
不去面對
沉溺過去　成長也有程序
你再兜一圈　交代未完
多少辛酸
她早已跨過去
而漩渦之中得你醉

面對情感難以放下，填詞人小克將枯山水中象徵漩渦的「渦紋」變成流沙般的地獄纏繞着歌者。枯山水砂紋線條的變化暗喻人內心波動的狀況，「渦紋」本為悟道、真理的意味，但在歌詞中屬於這段關係的枯山水卻是一種束縛，致使「你」逃不出自己的情感漩渦，枯山水本該望景悟禪，而現在卻心陷其中，這種矛盾就是愛情的痛苦。枯山水就是要不斷刪減，但如今卻將自己放到其中，說明心還未放下。如日本枯山水設計師枡野俊明提過「作庭即修行，步步是道場。」在這個情感枯山水中，是彼此經營關係的一場修行，要完成這場修行最終必然要跳出庭園觀望，而不能陷入其中，這樣永遠無法觀望全貌，達至圓滿。在外觀看枯山水，我們能夠學習如何與之面對、相處，但跳入枯山水，我們卻無法學會如何與整個庭園共處，甚至打破努力畫出來的平衡，迴轉痛苦之中。

暗自責罰　光陰錯失
見山水　不似　山水　枯乾了
為何還尋　風呂

直到「見山水／不似／山水／枯乾了」，筆者認為這是想法開始轉變的徵兆。原本庭園的枯山水是象徵彼此共同建立的回憶和情感，在「你」的眼中本是青山綠水，充滿色彩，一種被蒙蔽心神的「見山不是山，見水不是水」。而此刻整場的山水經已枯乾，不再是心中所看到充滿甜蜜回憶的關係，才知道不應該繼續尋找風呂，挽留這一段感情，因為一切經已枯乾。正因執着「山、水」，才讓我們必須去擁有眼前幻化的山水。對方早已望清庭園，才明白枯山水的意味，既然分開，就好好依循枯山水的美學，摒除多餘，任由它變化。砂本來就不穩定，乃至整個庭園的景色皆會因為季節光線而變化，不會永存當刻面貌，像歌詞「直線跟曲線／似靜態」的「似」，看似不變卻皆變，任何砂紋皆會變化，這就是萬物，我們永遠無法維持眼前所鍾愛的那一刻。

禪宗有言見山不是山依然是悟即未悟，心中任由蒙蔽，因此方會有最後副歌所言的「由它破碎／自毀哪有程序」，一切依循自然，如《六祖壇經》有言「一華開五葉，結果自然成」，就看着砂石分解重組成一幅新的畫，相比景色，融入枯山水的心聲更為重要。誠如歌詞的「卻有些死結正在解」，只要放下得到與失去多少的加減數，才可以將過往回憶的山水變成一幅自己內心的枯山水，回歸自己本心，不執着不迷茫的平衡之境。

〈坐看雲起時〉

山水仍非山水

柳應廷

〈坐看雲起時〉的歌名來自王維《終南別業》的「行到水窮處，坐看雲起時。」經歷〈離別的規矩〉、〈自毀的程序〉，歌中主角到底能否逃出枯山水的情感漩渦？似乎，那片雲霧最終又會輪迴成雨，成為一場水的酷刑。

陽光　東升西降　不變規矩
看你困於　陰影裏
站在伏見　鳥居下　淌淚
圓方　交織天與地　圍繞着誰

龍安寺　枯山水
最終得你來獨遊　怎面對

如漣漪碰撞散聚
原定畢生的救贖　藏在
碎石細砂　你不惜取
程序裏　眉宇間
一點白光　盤踞
才記起　這身赤軀　原已逝去

主歌承接〈離別的規矩〉和〈自毀的程序〉，第一句「陽光／東升西降不變規矩」，正如自然定律不能變更，在〈離別的規矩〉小克同樣引用不同的自然物件，如山、水、風、花去帶出時間與心境的變化，到〈坐看雲起時〉以太陽入題，在鳥居的陰影下繼續迴轉在枯山水無法脫離。鳥居在日本代表神域和俗世的連結，是連接兩處的通道。在散聚生死間，我們該如何再遇、重逢。而「圍繞着誰」經已點出，我們不在對方身邊、不在同一個世界，彼此分別在邊界與中心，又該如何才可碰面，獨自面對枯山水，男主角顯然不清楚如何能從離別的定律下自救。這趟旅程，旨在思憶，早在〈自毀的程序〉已有「奈良和京都／最終也沒去」，失去以後希望如「徘徊當作賠罪」，因此選用位於京都的伏見鳥居以及龍安寺作為宣洩地點。

敘事角度若如上天對男主角的勸導，那麼當初被你一手拋棄，再放回枯山水自我迷失的感情便是避免自己落得如斯悔恨的靈丹，但是「妳」沒有珍惜這段感情。同時，如何救贖「我」逃離漩渦，便是「妳」

能夠留意到正在碎石細砂呼喊的「我」。在男主角的角度看，「惜取」表達自己認為對方選擇離開關係是一種可惜，也是自己對這段關係的信心。可是這段感情早已消逝，象徵感情的赤軀死亡，我們便會變成「白光」，即靈魂體，再度尋找契合的另一半。「程序」連接〈自毀的程序〉，代指在回憶漩渦中掙扎求存的我。聚散如同漣漪，一圈圈擴散到岸邊便會消失，但男主角依然執着那刻的碰撞，執迷不悟，留戀在上一段感情的軀體中不願離去。

何解　尚有數之不盡
遺下的心債
還未解　尚有苦心積慮
遺恨被壯大
縱使兩心崩壞
就算各奔天涯
而故居的花　有她的祝福
為何沒試着了解

願你親身跨越
靈肉的疆界
還未解　願你感恩生命
活着是偉大
誰原諒你　終此一生　自判失敗
這宇宙無結界
她會在來世裏　擁你入懷

「我」尚有不少遺憾沒有結清，但自己執着的卻是對方離自己而去。早在〈離別的規矩〉二人訣別之際，小克寫到「想起窗邊╱你最愛的花盛放依然」、「她始終想你好」，在她內心仍舊有着一席之地，她也不忍心看着男主角墮落。既然自己流連附近，在對面大廈看着故居，為何沒有欣賞過自己最愛的花，反而墮入執着擁有的枷鎖。即使分開，往好處想，對方心中依然有着自己，才會為自己喜愛的花澆水。

此刻男主角需要分清楚這場感情的靈和肉是分離，如笛卡兒所言，他論證靈肉分離其中一點便是二者具有不同的屬性。代表肉的感情早已經宣告終結，所以該由肉跨到靈的部分，感受對方對自己的珍惜以及愛護，同時也要明白自己的靈魂有甚麼需要領悟。然而從男主角角度來看，他只想盡快尋死，投入來生再和女孩聚首。不過在新時代的輪迴當中，每次輪迴都是讓自己學習的經歷，這一生「你」要學會的其中一項便是感恩擁有生命。宇宙無窮，兩人或許有機會再度相遇，但必先好好活過這一世，完成這一生令自己進步昇華的使命，才可以再進入輪迴，進行下一場人生。

迎嵐山疊翠
為何傷痛沒過濾
原定安撫的說話
來自　四面八方　你不聽取
行下去　靈魂驚覺
實相全是虛
回頭望　渡月橋
化作細塵　散落桂川裏

「迎嵐山疊翠／為何傷痛沒過濾」是筆者很喜愛的一句，在京都嵐山間，如此美景卻無法讓自己釋懷；同時翠葉交疊，層層過濾，卻仍無法從傷痛走出，證明男主角難以放下感情的念想，面對勸喻選擇閉目塞聽。最終只會發現，獨個前往京都也是無法彌補過往的錯失，以為對方會重投懷抱，甚至幻想與對方同遊全是自己虛構的真實。「凡所有相，皆是虛妄」，天地一切都是假相，一切相皆無常，非永久不變。一如那時我們想去的京都奈良，已不是此刻我所身處的桂川山林。陷入回憶的我發現最終只有孤獨，於是回想過往便覺渡橋成灰，一切美景皆因有她，如今失去對方，萬物在自己眼中也只不過無用塵埃。

還是山　願你親身跨越
靈肉的疆界
還是水　願你感恩生命
活着是偉大
誰原諒你　終此一生　自判失敗
這掛念無結界
她會在人世裏　生活愉快

「還是山；還是水」初源於禪宗《五燈會元》第十七卷的故事，也是小克呼應前兩作山水的總結，世事一場大夢，人生幾度秋涼，山水喻作感情，我們總會流轉在「見山是山，見水是水」的階段。山水由不同元素組合而成，我們有時會被山水中的花草砂石吸引，猶如我們會將感情的離別放大來看，那此刻感情就不是感情，而是一場離別的片段。離別、甜蜜、嫉妒，種種感情的元素會影響我們體會愛情，了解愛情。甚麼是愛？其本質是何？我想這是小克希望歌中男主角學會的事。「人世」二字有如鏡頭，「我」的靈魂在半空聽着訓勉，要在世間尋找能讓自己釋懷的水窮處；至於對方，就任她好好過活此生，從此互無交集。

你與她的死結
因果裏　仍然　未鬆
靈風一吹送
催促　成住壞空

在〈自毀的程序〉「直線跟曲線似靜態／卻有些死結正在解」，代表直線跟曲線的我們本以為都開始放下，但「未鬆」就告訴聽眾一切執念仍未完結。〈離別的規矩〉有一句「風裏飄過／遺憾眼淚」以及「風已吹過／遺憾會漸退」，代表悔疚遺憾的眼淚再度吹送前來。「成、住、壞、空」在佛教本指世界從形成、毀滅到重建的過程，然而此處筆者認為指的是生命重新。若風能夠將遺憾吹走，這「成住壞空」指的便是重啟一段新戀情，但是風將代表遺憾的眼淚吹來，才會有下面的徘徊在生關死劫，因此男主角悲傷的情緒延續，希望尋死。「成住壞空」是萬物運行的鐵律，如同《起世經》起風，代表我們業緣的風颾起，感情也好，生命也罷，就統統跌落四劫輪轉。

人間　尚有花開花落
無盡的心債
從沒山　在這不生不滅
無極的狀態
徘徊在　生關死劫　或有選擇
悲傷的你　銀河沿路勘探

流水窮盡處　仍沒法紓解

從沒水　是你思憶吞蝕
堤岸的邊界
讓砂石來滴漏
迴流入腦海
跟她相約　千世聚頭
紅桃綠柳　難望永久
仍願等候　空窗孤守
坐看　我　為你在遠山
升起一片雲霧帶

到最後一段副歌，花是二人感情的象徵，但其實在男主角角度不應該執着在感情散聚，一切都是不生不滅，儼如海浪，每一次相遇就像海浪，湧上岸後又在消散，周而復始。當我們聚焦在浪，每一次的翻湧破裂都會左右心神，但其實我們從海浪延伸到大海，每一次的形成和消失，只不過是大海的一呼一吸。感情如是，生命亦然，沒有所謂生死，世間一直在變化，二人感情由軀體的繾綣轉換成另一種方式愛着對方，不生不滅。只是男主角沒有領略道理，「徘徊在生關死劫／或有選擇」，看似可以選擇，其實就是告訴大家，男主角沒有選擇，死是他唯一自救的方法。

在世間到宇宙，「水窮盡」依舊無法讓他釋懷。溪流到了乾枯之處，所謂「山窮水盡」，但後來朵朵雲彩讓我們知道世間總有希望，這是王維千年前留下的禪意。就算身體到達水窮處，心靈也能如雲霞遨遊天空，再化作雨水流入溪流，生生不息。但絕處逢生明顯不適用在男主角身上，歌詞的水是串聯三首歌的眼淚，亦即悲傷，到達悲傷盡頭依然無法紓解自己的鬱結。其實所謂眼淚不過水，只是自己一直執着的悔念不斷讓傷痛的湖延展擴張，可以將傷痛化作漣漪散掉，但固執卻讓漣漪變成湧浪侵蝕理性的邊界。甚至將這種情緒放到二人約定的枯山水，讓傷痛確確實實從眼前之景回到腦海，或許彼此在熱戀時許下世世永不分離的承諾。可人面桃花，看着畫閣朱樓的紅桃綠柳，相顧千歲，亦難盼對方再次出現。

執着恐怖，這份因為執着而生的因果驅使男主角仍不放棄，水窮處何來浮雲，人力如何升起雲霧，那雲霧帶便是〈離別的規矩〉中那隨風再度襲來的遺憾眼淚。天空終究承載不了怨恨的雲，漫過臨界，遺憾和怨念便化雨，隨風漲滿以為枯乾的山水，成為深淵，懷抱怨恨，投進水裏。

〈某種老朋友〉

我們的葉枯死在秋

林家謙

〈某種老朋友〉的創作班底對上一次合作要數到 2019 年〈下一位前度〉，從〈下一位前度〉到〈拼命無恙〉，我們見證了離開的預言實現；而〈某種老朋友〉則誠如呂永佳所言，是一場由愛到痛夠的醒悟。

突然地疑惑龐大陰影活像鯨魚
只有等你要呼吸了才重遇
肯與不再肯也未出於自願　胡言後聽你亂語
為何只懂得看書　為何不邂逅奇遇

突然又容納殘舊陰影暫住　尋常像天要下雨

想與不要想不牽涉贏與輸

我是我間中跟你一些記憶共處　也不再忌諱同住

如皮膚即使碰瘀　從無發現亦痊癒

有些記憶並不自主，如同我們呼吸，我們並不需要特意控制。《追憶似水年華》中一件瑪德蓮蛋糕，就讓記憶帶到年輕時也曾經吃過的瑪德蓮蛋糕。歌詞中「疑惑」正正是回憶突然侵襲，這個記憶就如同鯨魚龐然，而陰影亦告訴我們這個記憶本該藏在心裏暗處，不會出現，更是一個痛苦的迴響。回憶中的你生命由我所賜，儘管回憶之一切屬於我，但卻連自己的呼吸都不能控制，何況屬於你的回憶亦不能由我控制其出現與否，如同歌詞所寫「肯與不再肯也未出於自願」。胡言與亂語皆是出自自身，對方是受話人，因此即使不在場亦形同在場。將疑問轉移成從對方口中問出，一是能讓歌者感覺對方與自己仍然有着聯繫，二是對方在歌者心目中仍有着地位。「為何不邂逅奇遇」帶出只有對方能夠讓歌者墜入愛河，同時也是一種虛構的同情，歌者放不下對方，自然希望對方會同情自己，這能夠代表彼此仍有愛的聯繫。倘若聯繫〈拼命無恙〉，其實歌者並非沒有尋找新戀情，只不過每一次都會發現無法消磨這段痛苦的傷痕。記得〈拼命無恙〉中有一句歌詞「要是這樣豁達又何不專心著書」，這次我在你視角「看書」了，這代表我豁達嗎？豁達可以專心著書，而我只能看着別人豁達，自己仍在瘀傷中。但我們此刻能夠看書亦代表是開始豁達的預兆。

到第二段，歌者提到開始流露豁達的意味。即便要與這段關係的回憶同在已無大礙，從前收藏在心中暗角，如今與其共處也可以。過往將其藏起，可能是覺得回憶對方或因為對方而傷心流淚便是在這段關係中徹底敗給對方，因此不想認輸，不想跟對方低頭，但此刻不是論誰輸贏，只不過一段回憶而已。最直接當然是呼應〈拼命無恙〉的「拼命愛下個但為何傷口不退瘀」，從前會因為這段愛情愛得有切膚之痛，敏感的脆弱讓我們難以從創傷癒合。但現在我們發現瘀傷在沒有痛覺的情況下經已痊癒，這代表我們開始放下對對方的愛。過往執着於失去的情人，越難獲得的事物，在心目中的地位越重要，價值也越高。最難的一課便是學會放下，而林夕透過副歌告訴我們放下。

能暫時懷念某種老朋友
不過未能共享一葉舟
彼此都處身洪流　如何掙扎沉浮
連回想起當初手牽手也顫抖
就弄明白眼前這對不是該雙手
如輪迴臉龐留在當下也逐漸消瘦
如葉有枯榮輪流　命像悼念長壽

誰又能迴避某種過期朋友
一片葉無奈剛飄落背後
世上沒人能阻擋細水愛長流
若回憶偶爾活現就前來挑逗
在復原後走得很遠為何要回頭忍受
但可否當做剩餘無害有情的咀咒
沒有影響此際笑一笑天涼就過秋

分開後彼此皆有成長，在大世界衝擊下最叫人回想當初青澀的愛情。然而這段關係就只能保持在當初的純真，屬於這段關係的時節已經結束，因此眼前人已不是當初的你，我們的生命與愛情就只能一直前進，不能停留在讓人回味的當刻。倘若一直保持瘀傷的焦灼狀態，就不能覺悟，此刻能夠接受與回憶共存，亦在某程度上證明開始放下對方，回憶才會產生，也就會有「葉」出現。誠如羅蘭巴特寫道，戀人的真正意義在於等待時的焦灼、痛苦，一旦等待結束，便失去了戀人的狀態。但歌者仍然奢想與對方共享一葉舟，就代表未能徹底放低對方，留在輪迴即未能真正超脫，壽命長短也只是在痛苦，即林夕所說的悼念長壽。羅蘭．巴特提到與戀人的回憶帶有以下的特徵：未完成過去時態侵入戀人表述的語法範疇。心中依然對對方有奢望，畢竟沒有人可以否定對愛情有細水流長的想法，希望和對方共度此生，也是當初在愛情關係中未完成之事。可惜物是人非，才會化成回憶勾起心中慾望。

「如葉有枯榮輪流」讓我想起林夕在〈秋分〉寫的輪迴，愛情分分合合，又如自然四季不斷輪轉，我們亦不需執着一段枯萎了的愛情。如《華嚴經》言「佛曰：坐亦禪，行亦禪，一花一世界，一葉一如來，春來花自青，秋至葉飄零，無窮般若心自在，語默動靜體自然。」放下沒結果的執着，畢竟甚麼都無形相，不斷變幻，上一秒已經過去，既然留不住甚麼，也就放下罷了。如林夕寫給楊千嬅的〈一葉舟〉當中：「無形無相／不過一回頭／水中境／夢裏酒／還有沒有」放到這裏，就能明白，我們執着萬物並無意思，即便回望過往沒好事關，也不過是一場鏡花水月，毋須強求保留到千萬個春秋。一葉觀菩提，若二人同渡恐怕是扁舟難留，正因為你的離開才叫我學會何為放下。

這一片葉是我們的回憶，落葉知秋，秋便是在我回憶到你時心中那股淡淡的哀傷。沒有人可以逃避記憶，回憶湧現就當是季節的自然，既然我們仍然是朋友，就難免想起彼此甜蜜的過往，此刻尚未完全放下，不捨與哀愁自然隨秋來襲。慶幸是知道這只不過是回憶的副作用，不會主動破壞現在的朋友關係，心中即便有千萬愁緒也就好個秋，一切欲說還休。倘若二人同在，葉就會失去作用，因此不能同渡一葉扁舟也是定然之事。

就原諒回味從淚水中滴漏　其實沒需要自救
刻意擺脫甚麼非永恆這對手
我在着衫聽到你囉嗦再嘲弄我　看衣領漸染黃後
為何不清洗熨斗　為何潔具亦殘舊

誠如上文提到，此刻尚未完全放下，方會有葉的出現，一段刻骨的愛讓淚不其然流下，不過我們不要刻意忘記。既然家具未壞，亦不需要因為它與你有關而扔掉，即使偶爾會響起你的聲音，這只不過片刻回憶。選擇性遺忘不簡單，腦袋很有趣，不想記得的記憶往往會被強化。「若不執我無煩惱」，既然決定放下就讓其飄落，林夕曾言：「執着於不執着，也是一種執着，唯有承認悲傷，才能真正快樂！」

某種老朋友　各撐一葉舟

總少不免驟然遇上當然就
為美好光影感激可以隨身走
就讓迎面變背後（相親相愛何曾會這樣荒謬）
沒有傷春的我看一看枯葉伴晚秋

如葉也不必考究每一片將活着多久

到歌詞最後一段副歌，筆者認為到此刻歌者依然在學習放下。面對不具形的回憶我們能夠承受，然而遇上對方卻依然未能釋懷。此刻只希望能夠活在剛好平衡的現實與回憶，若你再度入侵生活，就只能斷然回頭。面對昔日愛人斷然回頭當然狠心，故此林夕寫了一句無奈「相親相愛何曾會這樣荒謬」，不過事已至此亦難以挽回。既然決定放下也不需為自己徒添煩惱。代表回憶的葉枯落，回憶的痛也不如晚秋，就這樣讓它們自然結束。MV 的呈現是以一片葉放大到葉的脈絡，最後消失。也代表逃避到面對回憶，最後釋懷，與你的一切也歸於虛無。

「如」一字便是在提醒自己「如來說諸心，皆為非心，是名為心」，「諸心」是指心理活動現象都是虛妄，心中無物、無心、無葉、無秋，才是真心。到了此刻歌者才開始真正放下，連帶回憶亦不再留意，何時來，何時去，就由它順應發生，緣散則散，緣聚則聚。

歌詞解讀面向很多，〈某種老朋友〉自然也是，不一定要局限於愛情之論。此處只從其與不同歌詞互文對讀以及當中的愛情和佛學觀看，感受創作團隊帶予我們的感情，林夕字句之間就能透露處處禪機，如同其 10 年代後的佛理歌詞，唯有先入世，才能出世，才能昇華。

〈鏡中鏡〉

明鏡已非台，不須再拂拭

姜濤

〈鏡中鏡〉有不同分析，乃至填詞人小克亦毫不吝嗇撰文解畫，故反而想多看其中的佛理。佛教《百喻經》有個名叫「寶篋鏡喻」的故事，一位貧窮的人欠債累累，因無力償還債務而四處躲避，當他逃到空曠處時發現了一個寶箱，打開發現內裏裝滿珍寶。這時候他發現寶箱有個蓋子，滿心歡喜的他毫不猶豫便打開，然後看到一面鏡子，他便連忙對鏡中人合掌道歉，希望對方不要怪責自己，最後再度落荒而逃。當然，第三身的我們自然能區分真假、區分到實相與妄相。但當自己深陷其中時，又如何得知鏡中的究竟是甚麼？又或者，為甚麼我們一定要知道鏡中的是甚麼？

在第一次奪得「叱咤我最喜愛男歌手」以及「叱咤我最喜愛歌曲大獎」後，姜濤成為更多人的討論焦點。奪魁的同時，姜濤亦面臨四方八面對於他的音樂乃至事業的質疑與批評，其時的他就正如歌詞所說，不斷回擊。MV 中的姜濤直到第一段副歌仍然與敵人對抗，呼應歌曲面對質疑就要盡力「訴」。如果以鏡為題，姜濤的自我質疑相當合理，在他照鏡時眼中的他就是自己，然而審視在鏡中的姜濤，除了是「自己」，也是一眾「姜糖」追捧的對象，更是一直飽受輿論的藝人。讚賞或是批評，都會讓姜濤自我審視自身究竟是否如同大眾言論所談及的自己。遇到惡毒、攻擊的聲音，以前的姜濤選擇回應，無論是〈Master Class〉或者不同訪問，姜濤依然對自己在他人眼中的形象相當執着，要「掃到那落葉落盡／尚在掃」直到「來生／無業報」。這裏的落葉意指外間對他的不同聲音，此時的姜濤依然執着要證明自己，渴望讓人明白，希望別人眼中的自己和自己理想中的一樣，這份執着便是因果的開端。業是一種因果，執着是一場極重的業，當陷進這場無休止的業報，身心就註定不能清淨。因此小克此處的歌詞就是帶出姜濤若不放下掃盡落葉的念頭，便會不斷有業報，永世不休。這一刻的姜濤如《楞嚴經》的「迷頭認影」公案，因為鏡子而失去本性。姜濤在外界身上看不到自己渴望的形象，就如「迷頭認影」公案中早上起來照鏡子，看不到自己的頭，就以為自己的頭丟了，把鏡子映照的虛幻當真，繼而忘卻真實的自己，這根本大謬不然。執着完整，疲於奔命卻未能讓鏡中的自己完整，無限循環，跌入迷惘。

而一年後的他，卻有了新的看法。

解開傷口　細意探視

領我頓悟　用力吐

懷疑和懦弱　盡力吐

靈魂和內臟　落力吐（分解）

童年和現在　合力吐（匯聚）

吐到那幻象幻滅　尚在吐

繼續吐

變瀑布

浸沒到　才知

根本　我是濤

從歌詞「領我頓悟／用力吐」開始，姜濤意不在回應外在的攻擊，不執着外界，而是以一連串的「吐」清空自己，將自己內在的心魔與一切塵埃清空。我執習氣不容易滅，而他滅的方法便是將過往推倒。從禪宗的頓悟與漸悟來看，筆者更覺得其心態是磨鏡漸悟，而小克挑選「頓悟」二字，個人認為在於提升歌詞的氣勢，亦有斷開上下兩節不同心態之意。歌詞的「分解」與「匯聚」印證姜濤放下曾經執着他人目光的自己，重生成面對不同自己的姜濤。一直以來姜濤回應的因是看見自己所不認同的自己，自己一直視自身為敵人，到歌詞「吐到那幻象幻滅／尚在吐」便是歌者轉變的過程，是一個打破外界的追迫，卻尚未認清「我」的時間段，因此他要繼續追求內在的自己，到瀑布出現，以過往的虛妄洗禮自身，洗出自己此刻的想法——「我便是我，任何的我也是我」。歌詞最後「雙鏡對疊／無限敵對／也是我自己」就以鏡的對映塑造一條無限延伸的時間，從過往到未來都是自己，自然不需要反擊自己的任何面貌。由〈Master Class〉「呆板的／請讓座」到「根本／我是濤」，姜濤撇下過往旁人口中不同的自己，從不認同的「我」到「真我」，當然是離不開世間生死，但三千煩惱就讓自己一吐而空。

同時，在第二節副歌後的編曲心思亦可以反映姜濤在第二段副歌完結後的心理變化，從副歌的激烈到平靜，反映姜濤已放下以往的執着，類似處理就如柳應廷〈狂人日記〉的編曲。而從 MV 一開始已經透露從來都沒有誰，「誰攀高一級／再高一級／天天都追迫我」時姜濤在 MV 中正在奔跑，身後卻空無一人。其實明鏡非台，本自清淨。如同《維摩詰所說經》：「諸法皆妄見，如夢如焰，如水中月，如鏡中像，以妄想生。」MV 內一直追趕姜濤的人從來都未有露面，配合小克最後一段歌詞寫的「誰」，便帶出那些一直追趕自己的敵人其實是自己幻想出來，心起則起，心無則無，其實所有的「誰」都是自己，故此 MV 的最後一幕就是給自己報以一個淡然的微笑。

誰　獨對鏡中空虛
誰　迷惑鏡映作祟
一鏡在前的　恐懼
一鏡後遺的　眼淚
雙鏡對疊　無限敵對　也是我自己

鏡是何等真實，但鏡中像永遠不實，我們並不需要探討鏡子的反映與自己是否相似，其中無常，陷入太深只會徒添煩惱，執於妄相，只會活在鏡子迷宮困死自己。

〈百妖夜行的修行〉

如蛇靈巧自在

陳凱詠

陳凱詠（Jace）的〈百妖夜行的修行〉（下稱〈百〉），靈感源於徐克執導的《青蛇》和經典民間傳說《白蛇傳》。無論小說或電影，背叛再創造讓青蛇得以顛覆傳統配角的形象，這與〈百〉的調性相似，擺脫傳統，領會真實的自我。

不要小看區區青蛇　請到魔怪妖精比邪　放下壓力撒野
請法海也不必心邪　不顧早課貪癡一夜　有助領會你般若
或者見識所限　未知與生俱來狂野
Show off what's our best ignoring the worldly test

（國語）任由他們問　（日語）Naze

其實其歌詞並不局限於蛇，蛇的概念源於歌者陳凱詠，她從生活挖掘，交由林夕借蛇發揮，延伸到妖怪，在歌詞的語境下，妖怪則可進一步理解為試圖脫離社會規範與傳統的人。人最大的束縛在於其創建的文化和社會間有種種限制，在各種規範下，每個人都需要扮演其在社會的角色，盡他們崗位的責任，一旦有人違背社會的大多數美學和價值觀，不跟大隊走，就會被視為「異類」。所謂「違背」，並非殺生搶掠，很多時不過是滿足自我的一點慾望或感受，但該慾望不被多數人接納，就被視為異端。歌詞開首可見，青蛇並非孤獨一人，而是有着一群志同道合的同伴，套在社會層面來看，這群追逐自己所想的少數人被稱為魔怪妖精。他們生活在社會的規範下，因着各種的契機產生自覺，開始不甘於融化在群體文明中，就此泯沒，因而試圖尋找自我，脫離群體倒模的人生。那麼法海便代表着社會上審判這群少數者的人。如佛洛伊德在《文明的缺陷》言：「文明的進步，使人們放棄個人追求群體認同，但卻也使人迷失了自我。」一部分人因為維護各種價值觀，慢慢喪失自我，另一部分則因為睹子之難窮，才發現世界寬廣。有了自知，了解自己要些甚麼，才可開放心靈。

林夕在歌詞提到「不必心邪」，指讓這群批判之士先別以自己的主觀妄下判斷，不如嘗試接受，或者會有新的見解。「早課」在佛道皆有，是修行人每天必做的修行，每天早上禪坐、讀誦、發願、回向等。有趣的是，法海是一位禪師，禪宗有言，運水搬柴，無非佛事，生活日事，其實皆可修行，頂着早課之名，有修行之形而無實，又有何用？改變自己偏頗的知見，方能全面提升自己的心性。置於眾人，持着自己的認知，只會因為自傲而令視野狹隘，怎能理解他者。「般若」在佛家有大智慧之意，正如林夕所寫，自己因所見有限，故不了解人的本質，若一直執偏見，如何斷去妄念。普通人而言，大智慧並非所求，此處的般若，是人對人本質的了解，抽離主觀的想法，理解自己和他者，才可看通世界，知道事情全貌。理解後仍不認同屬合理，畢竟不同人有眾多面向，相互產生衝突正常不過，但是不願放下成見，讓自我有限的見聞限制看法，令事物只能以片面之姿向自己呈現，對人對己都是損失。

於這群法海，只能說，坐禪豈得作佛。

做人就是要「試下，玩下」，後段「在野」可以理解為在野黨，即形容少數，不要計較自己是否主流，也不要理會自己是人是蛇，真我並無既定，以佛教之言為無定相，沒有既定的角度，才可以隨境自在，隨緣自由，做任何事撇除成見，就是一種修行，值得讓人尊重。

怪咖也都平常人　怪不怪不用悶人過問
到底那邊是異類　但特別利申　異類仍合襯
Gogogo... 全真人生誰人憎 gogogo... 人夠獨有人群人
Gogogo... 忘記群舞誰來引 gogogo... 人夠獨有人群人

在歌詞中，「怪咖」「異類」並非貶義，而是各人眼中的對方。少數容易被當成社會上的異類，但林夕在副歌依舊強調，「我」並非一人，而是有着同伴並行。接着將視角從第一人稱轉為第三人稱，就是詞人對聽者的勸喻和鼓勵。歌詞中「全真人生誰人憎」的力度相當大，「全真」可理解為真實的自己，呈現真實的一面，真誠待人，當然可愛。同時，「全真」在道家有保全真我之意，保全真我並非築起銅牆鐵壁，將外界拒諸門外，這樣反如《逍遙遊》的宋榮子，猶有未樹也，限制了自我的眼界。真我並非要遺世獨立，如此的「我」擺脫不了以社會證明自己，不算真我，相反，接納外界所有聲音，馭之而行，開放對自我的理解，才能辨明真我，而依循內心，追求自己渴求的，也是一種尋找真我的方法。

討厭束縛不只東邪　少數多數都喜歡夜（每個人都會被自己obsessed）
釋放本性不必心邪　軀幹姿態本可傾斜（自自在像在食omakase）
別管白黑灰蛇　綻放自己都是行者
莫問地位在野　活着就是玩嘢　復活在繁榮荒野

到第二段主歌，以「東邪」承襲青蛇，繼續借用邪派作為主題，言及這群人喜愛深夜。深夜無人，更有釋放本性之意，但又是否只得這群世人眼中的邪魔外道喜歡做自己？非也。林夕回應「每個人都會被自己obsessed」，其實人皆不喜受到束縛，因此不受約束，盡情釋放本性是人皆渴望，誰又規定為人必須永遠挺直腰桿？躺平也是一種選擇，任何的姿勢其本質都是人。「Omakase」是林夕的一個反諷，Omakase 的性質是由主廚決定用餐的菜單，與自在相反，但選擇食 Omakase 卻是我的自由，甚至誰人規定一頓 Omakase 必須由廚師主理？

追求自由自在何須向人匯報，在他者眼中，你是妖怪，但在親人眼中，你又是一位父親，只是各人觀點有異。說穿了不過是我追求的，不符合某部分人的價值觀就被妖魔化，而林夕勸勉聽者秉持自我，繼續所求便可。

全首歌最為難解的相信定是「人夠獨有人群人」，坊間有着不同斷句和拆解的方法，在此不一一細說。要理解這句歌詞，筆者有個有趣的方法，在陳凱詠 Youtube Channel 發佈的〈百〉MV 中，有着英文歌詞，而此句的英文翻譯是「individuals create their own groups」，即「人夠獨有」「人群人」。獨有和群人相對，整個副歌林夕是要肯定少數者追求自我的行為，人夠獨有是追求真我的行徑，只要堅持，自然就會吸引志趣相投的人與你為伍。此句「群」作動詞，廣東話常用「群」作聚首之意，鼓勵追求自我的人別害怕孤獨一人，自會有着同類人並肩而行。

自由自在是抱負　為何事要辯護　妖怪也可是人父
未曾備受愛護　天生我材　必要自顧
Sleek, slime, glimpse, rhymes. Let go, let loose.
（西班牙文）Mucho que me quiero
（韓文）Na neun cha sin eh chin gu
Sleek, slime, glimpse, rhymes. Let go, let loose.
（國語）穿着甚麼衣服 天衣無縫的舒服

歌詞除了粵語外，還用了英語、國語、日語、西班牙語、韓語共六種語言。此處有兩點值得討論，一是歌曲對於文字多義的運用，二是語言的意義。製作團隊用了「sleek」和「slime」這兩種蛇的特性，既是扣連歌詞關於蛇的意象，同時光滑和黏液皆予人滑溜之感，更可大膽解讀其為一種提醒，提醒聽者要如蛇行遊走於世，不要故步自封，不被形式所拘，適應世態。

至於六種語言混和在流行曲中相當罕見，團隊更能將語言的押韻舞弄得行雲流水，可見功力。六種語言用於歌詞上最重要的是能夠體現一直述說的核心，少數、怪異亦可追求真我。無論是英文的「展示自己所認為的最好」、西班牙文中的「愛自己」、韓文的「和自己做朋友」，無不透露創作者站在少數者的立場，鼓勵他們依然故我，不求他人承認，不要在世俗的洪流中自我懷疑即可，最少還有自己支持自己。

《青蛇》的青蛇吃蒼蠅，抓老鼠，人蛇不定，卻展露享樂的姿態，化人便以赤裸之軀面對世間。〈百〉的核心，就是希望追求自我，有目標不必害怕獨自修行，借用陳凱詠〈天生二品〉的「飄忽的我自由得不羈」，有人天生喜愛嘗試，突破框架，做少數，也會有支持者，音樂如是，文字如是。

第四章

唱響自己的靈魂

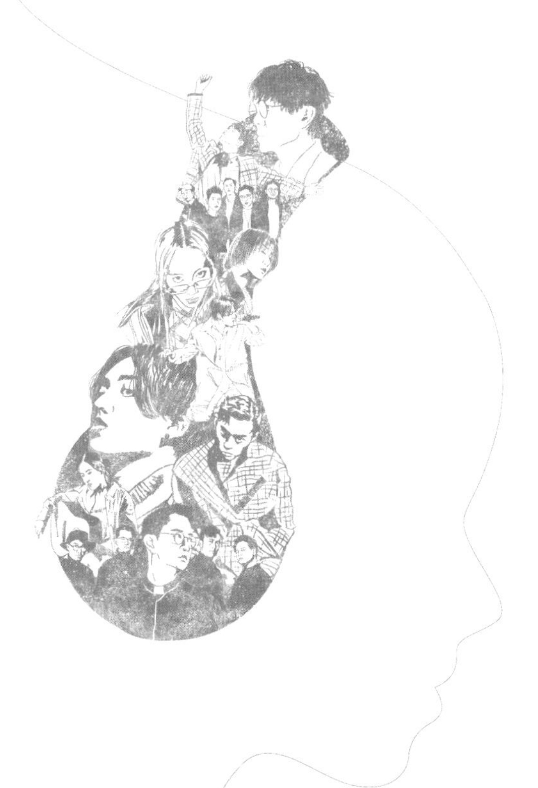

以溫柔觀照世界

陳卓賢

〈地球上的最後一朵花〉由陳卓賢（Ian）包辦曲詞編監，前奏的哼唱，感覺像是和我們一同慨嘆，以及一種安慰。明白活得苦、累、迷失，但同時用一種平淡的安慰告訴我們熬下去。編曲簡單，開首甚至只用吉他伴奏，彷彿告訴大家，剩下自己也可以創造一直尋找的美。

等黑夜過後

要理解這首歌詞不難，首先思考「花」是何物即可。這朵「花」一開始努力破土，然而四周卻儼如末日，本該懷着希望迎接世界，卻沒料到世界報以一場頹唐。倘若「花」是你的話，那麼你會有甚麼感覺？歌詞一開始營造出「花」的世界破敗，「花」撐破地殼，新生的力量讓它準備迎接世界的美好，但是環顧四周，安靜、落索，一種死寂的靜瀰漫，映襯孤花的萌芽更為孤獨。

過往那夕照　與候鳥　隕落了
季節也異變　這病態　已蔓延
暗處裏度過　發現到　最後我　只剩低一個

然而無人可更改這樂觀的信仰
如孤花總有日豐收的倔強
烽煙不會永久侵佔這一章
微光終會遇上

第二段主歌運用了「夕照、候鳥、季節」來表示世界發生異變，對花而言，這是生存世界的扭曲，代入到自身何嘗不是。有時候我們堅守自己的原則，奈何身邊的人事物感覺和自己逐漸背道而馳，還要堅持自己那套不被世俗認同的價值觀嗎？Ian 在接下來一段用了「如孤花總有日豐收的倔強／烽煙不會永久侵佔這一章／微光終會遇上」表示我們應該堅持下去，烽煙讓眼前煙霧瀰漫，但代表希望的光總會出現，哪怕只是一道微光，我們也要為之奮鬥。

到副歌 Ian 用了一連串的對比「出生、入世」、「天真、忌諱」、「枯枝、綠柳」、「天黑、白晝」告訴我們生活會否極泰來。即便如孤雛一般迷失在大世界中，面對天崩地裂也不要擔心，世界總會變好。「枯枝」

與「天黑」均指悲傷和遺憾，對應的「綠柳」和「白晝」則是希望和生機，呼應主題的花。從整首歌的意象群中，Ian 都運用大自然景物配合花的生長環境敘事，用上「烽煙」、「寂寥」等字眼，歌詞的意象便是一個不再美好的世界，一朵剛生長的孤花還該繼續生長嗎？還是為迎合世界，而變成一堆無名的灰。日昇月落，我們要學會熬過漫長的黑，才可以等到光，即便是晨昏蒙影。此外，副歌加入「天真」、「忌諱」等形容人類的詞語，讓聽眾能更好代入歌詞。

堅守自己的心

「前方風光明媚／叢林山野綠丘千里／那裏亦有會遇上的你／能假想也是美」，植物力量之大超出我們的想像，寒暑不能易，甚至迤邐漫山，一片盎然。然而我們內心的堅持不比任何事物差，即使結局未必最好，但至少片刻想像也能滋潤我們挫折的心態。希望並不代表樂觀：我們需要有希望，不代表未來便是坦途光明，相反希望讓人在逆境中有堅持的動力，無論是價值觀抑或所執着的。生命總有困難，你不需要一直樂觀面對，但不能失去希望，待假想變成真實，不是遍山花開方有人知曉，暗角一朵花開也會有人留意到。輪流有序，春夏秋冬不斷輪替，即使盆栽的一朵花也要熬過嚴冬，才可在初春貪婪空氣的餽贈。孤花能夠由稚嫩的身體迸發無窮生命力，在繼續和放棄的爭鬥中，我們的內心何嘗不能保有一份熱血，咬緊牙關將世間的冷雨蒸發。

Ian 在歌手路上可說是有些崎嶇，或者前一年仍然在探索自己。即使之前的個人作品並非串流大熱，但他依然守着自己的信念，而〈地〉

後來的鼓聲襯托吉他，恍如他向聽眾相互砥礪，分享自己的堅持。這幾年大家都遇上很多低谷、阻撓，但總有花開的一天，花落就學習接受，正如陳卓賢自言：「世上好多事情都係對立的……但處於邊一面就好睇大家嘅切入角度，只要抱有希望，就會睇到好嘅一面。」

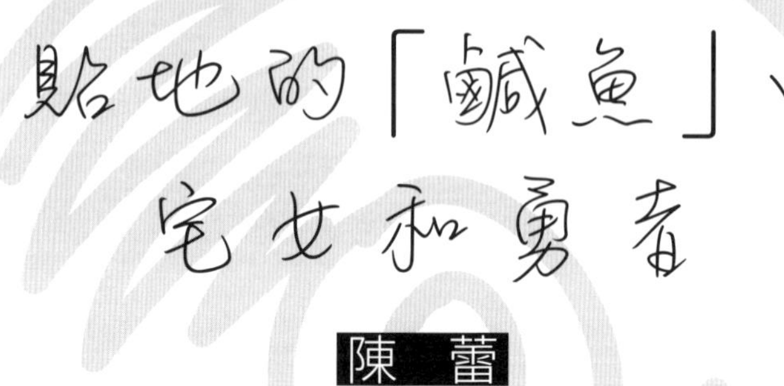

陳蕾

陳蕾取其首個紅館個人演唱會主題為《念》，據其自言，她的歌曲有「念」，注入自己的經歷、想法以及想要傳遞的能量，面對自己，呼應世界，這就是她的「念」。創作忠於自己，題材圍繞着生活遇到的人、事、物，而《全職獵人》這套動漫，可說是賦予她大量創作靈感的來源。從《亞洲星光大道》到紅館，十餘年的時間，陳蕾經歷人生低谷，正因如此，「信念」成為她作品最為重要的元素。如何面對黑暗，從惑中超脫，便是陳蕾創作的重要核心。

用動漫魂關顧生命的微小

〈窮人的薔薇〉來自《全職獵人》，「薔薇炸彈」爆炸時產生的煙霧近似薔薇，因而得名，而設定中薔薇炸彈製造價格低廉，故又稱「窮人的薔薇」。由炸彈到戰爭，〈窮〉意在探討人性的貪婪，如何令有餘者，漠視自然和手無寸鐵的普通人。

在《全職獵人》「嵌合蟻篇」中，尼迪羅以「薔薇炸彈」與蟻王同歸於盡。而雙方因為彼此的不信任，才會發生種族之間的衝突。冨樫義博畫「嵌合蟻篇」，其中是希望諷刺人類自恃凌駕自然，談着和平共存，實質卻要控制一切，保持自己處於大自然食物鏈的頂層。這也是陳蕾起初創作〈窮〉的想法，因此第二節主歌以海起興，直面人類與大自然的關係，「其實大自然為人類悉心的灌溉／但又被人類謀奪／肆意傷害」。我們都知道，人和大自然如同唇齒，當人一次次無節制地在自然掠奪一切需要，破壞便會招來自然的反撲，這種情況只會隨着破壞的程度加劇。陳蕾想要帶出對於生活艱苦的窮人而言，「薔薇」很美，其實簡單的一花一草也是一些人的瑰寶，正如她在 KKBOX《一起聽 聽我講》中分享道：「例如執汽水罐嘅婆婆，佢嘅薔薇就係汽水罐。」一如其在歌詞所寫，「沒鑽飾／可仰望遠空星星」，鑽飾是富足人家渴望之物，但世界又豈會人人皆富足，當沒有奢侈之物時，其實大自然鍾打上億年，彌足珍貴的光景，已然在生活中的無盡藏。

而隨着世界各地爆發戰爭，讓陳蕾驚覺，世界原來會不和平，這令陳蕾賦予這首歌另一重意義。在漫畫中蟻王雖然不是真正的人類，但放之在現實生活，所謂人蟻的衝突，不過就是國與國之間的紛爭。歌詞起首直接「相爭／相剋／相害」寫出人千百年來一直互相攻擊，爭奪地盤、資源，皆因人性被掩，邪念作祟。或許人性並不善良，但對陳蕾而言，人性該是善良，這才讓她在歌詞寫道「從來都不理解」以及「人性逐漸被掩蓋」。在其角度，若果人性仍在，就不會發生那些讓人痛心的事。

到歌詞中段「全世界也染上了怪病」，既寫出瘟疫席捲全球所帶來的黑暗，多少人在病毒的折磨下離世，也指涉人的心病。陳蕾認為人性善良，那麼各種謀奪和傷害便是一種心病。心病源於人的貪婪，政治、經濟、軍事帶來的無上利益，在顯赫的上層心中，早已遠超自由、平等、博愛的普世價值。但彼此爭鬥過後，誰才是贏家？《全職獵人》中，尼迪羅也好，蟻王梅路艾姆也罷，不過玉石俱焚，誠如歌詞「重要嗎／爭勝後同是輸家」，戰爭過後剩下頹垣敗瓦，心靈的傷口無法癒合，誰又能保證自己不損失一分一毫呢？

因此陳蕾站在弱小的角度，點出人性本該留存的——溫柔。

平凡人民要怎麼拯救
顫抖的雙手　用眼淚祈求
沒法換來時日倒流
窮得只剩溫柔
能安好歸家　沒重傷　已經很足夠
剩呼吸一口　都必須抖擻
不死尚有無限宇宙

平凡人無法左右世界大局，只能任人蹂躪，但即使自己並不富有，甚至毫無價值，也尚有溫柔。生命最重要的，其實都是免費，陽光、空氣、還有每個人心中的愛與溫柔，但往往我們忽視了這些與生俱來的寶藏，追逐各種權利物慾。「薔薇」有刺，可以如同炸彈，移平萬家燈火；但也提醒人，伸出雙手，盡自己那微小、卻有價值的溫柔。

「嵌合蟻篇」的結局，蕾娜和哥哥都變成了嵌合蟻，但他們的媽媽和村民同樣不嫌棄他們，甚至對布羅布塔這個嵌合蟻報以感謝。蟻王再怎麼強，始終也敵不過人類與生俱來的極惡之心與貪婪之心，但除了邪惡，其實人類也有美好的一面讓我們抱有希望。

「命など 陽と地と詩とで満たされるほどのものなのに」，這是《全職獵人》第 30 卷署名「菊池正央」所寫的詩句，「人類活着，不過需要陽光、大地、和一些詩意，很簡單，很美好。」

做「鹹魚」又有咩好怕

「做人如果冇夢想，同條鹹魚有咩分別呀？」周星馳早年在《少林足球》的對白被 DSE 考生引以為古人之誡。但細細思來，做人一定要有夢想？有偉大的夢想才算活得像人？陳蕾的〈下流社會〉或許會讓你有一個全新的角度看待「夢想」。〈下流社會〉以搖滾風的嘶吼、吶喊與 Rap 組成。歌名來自日本學者三浦展於 2006 年提出的全球化社會現象（三浦展：《下流社會：新社會階級的出現》）。書中提到所謂「下流」的其中一個特徵就是年輕人晉升極為困難，繼而開始產生「人生不必那麼累」的想法，慢慢習慣沒有任何目標，日復一日的平淡過活。

歌詞整體結構是主歌以批評的聲音引入年輕人角度的剖白為主，例如第一段主歌歌者被責備「廢物／為何還能呼吸」甚至是腦袋裝着豬糞，用字極為侮辱。MV 中上司便指罵歌者陳蕾，將基調放在新老一輩的衝突上，但歌者選擇啞忍，為甚麼啞忍？後續的歌詞便已解答，就是營營役役為取得那份安穩的薪金。跳到香港來看，上一輩的社會文化偏向平實，生活平穩為主，就如陳冠中在《我這一代香港人：成就與失誤》提及上一輩歷經過社會貧窮且資源匱乏的生活，他們嚮往勤儉安定下來，而安定下來的最主要因素，便是錢，因此賺錢就是他們的信條。反之年輕一代不論學生或初進職場的社會人普遍開始有種低慾望的風氣，晚婚、少子化、對物質毫無慾望等等，但是物慾的缺失，並不代表精神慾望同樣低下。新一代同樣有着屬於自己的想法，奈何在其他人眼中目標不是名成利就、對待生活與工作的態度不是刻苦勤勞便不像個「人」。物質與精神的滿足何者更加重要，物質固然有其用處，但精神上的解放會讓你對待世界的方式有更多可能性，奢侈品還是鵝毛才讓你快樂？單單是價錢牌的價值就能衡量一切？每個人追求的快樂不盡相同，尤其在現今變化急速的社會，難以再用上一套的尺子論斷一切。或許對某些人而言「不需爭與搶餓了就賺夠繼續於家裏躺」也是一種可取的悠然人生，用辛棄疾在《鷓鴣天・戲題村舍》的一句去說便是「有何不可吾方羨，要底都無飽便休」。

「打工先靠譜／買樓好過租／結婚多美好／人應該多生點小寶寶」，這裏與第一節主歌的結構一樣，這次以社會既定的價值觀來壓迫歌者，而歌者顯然反對這種說法，給予白眼回應。這亦反映現今社會的想法早已與往日不同，年輕一代出現「斜槓生活」，已不再局限於單一職業，而是多元發展，強調個體自由，不受工作束縛。「斜槓族」並沒有傷天害理，亦沒有坐山吃空，只是與傳統工作模式不同就要被指為異類嗎？又或者不是「斜槓族」，只是簡單一份工作，不求升遷，那又何妨？夢想不是非要偉大才算偉大，平凡人平凡活着也可以是屬於他們偉大航道的寶藏。倘若內心並不喜歡追求物質，又何苦要將一生花進自己難以投入的生活當中，直到皮膚偷偷鬆了才後悔。

陳蕾在演繹此歌幾個部分時亦用上不同的語氣呈現其看法，尤其末段的嘶吼更讓人感受到即使低慾望的人也有他們嚮往的生活，請不要用以往的既定標準判斷他們。同時，歌詞中亦提到令年輕人選擇低慾望的原因是無法上游。上文提到歌曲的創作意念來自日本社會現象，日本有着年功序列晉升的升遷制度，這讓不少起初懷抱熱情的年輕人容易對工作失去希望，誠如歌詞「設法地上游想竄改權力戰鬥／多麼想拯救／但無奈仍在蟻丘」，社會的潛規則也是迫使新一代選擇新的生活態度過日子，而這種新態度亦教不少人發展出屬於新世代的生活步調。夢想是每一個人的識別碼，不要變成工廠的倒模產品，知道自己的人生方向才是生命不可或缺的事。

MV 中的陳蕾從壓抑到爆發，以日本刀殺死上司的情景，恍如《標殺令》的主角，象徵歌曲為年輕人發聲，爭取自己想要的生活模式與態度。既然有人明白，就如同副歌所言「懶理周遭的怪異眼光」，任由「唾棄的聲音繼續碰撞」，各人有着自己的幸福，就用你喜歡的方式活着又有何不可？只要無愧於人，無愧於己，平平淡淡過日子可以很好，踏實過自己的日子也很有意義，生命不需要很有重量，守好心中那份潔淨，足夠承載自己就好。

電玩人生

喜愛打機的陳蕾以遊戲入題寫歌，寫出《屈機》一曲，玩味性重，聽眾很容易便能發現歌曲中蘊含了哪些遊戲。「狂追一百里／連手指作痛亦不理」，遊戲如是，人生如是，陳蕾的歌曲遍及世界旮旯，小至心中的鬱結，大至世界的變幻，就如陳蕾接受明報訪問，形容自己的歌：「我會形容是黑暗中一點光，黑暗是環境、悲觀是心境，黑暗中的事情不似預期，但心境可以光明。」在層層黑暗中，陳蕾往往會勾出平凡人的亮光，哪怕只是一點。既然我們「打機永遠冇怠慢」，為何要看輕自己的人生，只要向着終點，盡自己能力飛出僅存的龜殼，誰又保證不會奪魁呢？

ISFP 自我獨白

林家謙

林家謙第四張專輯《ISFP》，將其個人的特質展露無遺，據其所言，這是一張販賣人格的專輯。「ISFP」來自近年風靡全球的 MBTI 十六型人格測試，ISFP 人格被稱為藝術家，又被稱為「探險家」，天生有着獨特的審美追求，隨心而行。他們內心世界豐富，這從林家謙的創作中可見，而 I 人的標籤亦是林家謙予人的感覺，這一切可從他推出〈一人之境〉開始。

由一個人到一個人的快樂

2019 年林家謙以獨立唱作人身份出道，翌年推出代表作〈一人之境〉，這首歌遇上疫情的封禁，別有一番味道。

「孤獨」讓人感覺是一個負面的詞語，但獨自一人卻是 I 人的天堂，在歌詞中起初寫「派對裏凝望／友伴笑臉八個十個」，營造在派對這種熱鬧的環境，個體卻以旁觀的視覺看着投入其中的參加者，而「快樂中感寂寞」看似是歌者感到孤獨，但結合後句「想拆開交結的網／獨佔天清氣朗」，被社交束縛的自己，卻因為這一時的「一人」而覺得自由。那麼，上句「感寂寞」便成為一種客觀的描述，我們以為在派對站着如嘍囉，會感到寂寞尷尬，但林家謙卻發揮 I 人本色，孤寡對其而言不過丁點，而能夠享有自由卻是自己渴望的。

其後林家謙將主題指向聆聽自己的內心，「別把聲音軟禁」。在「外向掛帥」的生活，人會推崇外向的特質，我們更為重視與人的行動和交往，故此人，連帶內向的自己也會避免，甚至排斥內向的個性。單是聚會去不去、留多久，就會讓 I 人糾結，試圖融入大圍，卻會忽略自己內心真正的聲音。

隨着歌詞的發展，「一個人原來都可以盡興／多了人卻還沒多高興」揭示了在獨處中找到的滿足感，強調了個體在孤獨中發現自我的價值。「沉默看星／聽到月光呼應」進一步描繪了在沉靜的環境中，與自然同在的和諧，這種和諧引導個體進入「一人之境」，進入一種內心的平靜。

到後來的主歌，歌者融入世界，像是「沿路亮起街燈撫摸着我」，即便一個人行走，路上的一切皆可與自己交往，在日落月昇間，似是尋找到自己活着的答案。對於 I 人而言，快樂很簡單，不需熱鬧的烘托，一罐汽水，配合自然，呼出心中的歎息，聽見自己的想法，便是人間四月天。

用愛記住一切邂逅

延續這份一人的享受，林家謙在個人紅館演唱會前夕將〈愛情是一種法國甜品〉的旋律重新編曲填詞，推出〈記得〉。一如既往由自己一手包辦曲詞編監（填詞的還有馮松興），旋律溫柔寧靜，配合歌詞，卻又帶出一份讓人五味雜陳的感覺。

頭兩節主歌，林家謙便以「故事最終必須親口講再會」下了一個定論，發生的事必然會有終結，此處的「再會」讓我們回憶彼此相遇的經過，或在風雨下或在葉落飄過時，但相識又好，陌生也罷，最終各自離開也就如此，此生未必再見。第二節的「八月」是呼應二十四節氣的立秋，帶出黃葉的飄搖。葉兒在風中無從抵抗，不斷翻滾飄零，人生如同落葉無定向隨風飄入世界，沒有人可以預計在哪一刻能遇上誰，橫豎這條命運的伏線早已安排相遇和離開，要學懂的是如何珍藏每一幀人生片段。

有些約定不要忘記，王菲的〈約定〉說了要記得「當天旅館的門牌」，林家謙沒有忘記，即使有一天分離，仍然記得相遇的旅館，「仍未忘相約看漫天黃葉遠飛」，我們是看葉的人，也是被看的葉，在飄落之際彼此相遇，直到黃葉隨着腐土分解，便是緣分。

你可能會認為記憶並不可靠，確實，記憶容易遺忘，如海面的霧有過綿密，最後卻逐漸消散。如何讓記憶永久保存？林家謙告訴所有人，需要愛。不止要記得人、事、物，更要記得當中那份無以名狀的感覺，當你嘗試將記憶中的人事物以及感情好好記下，融和愛的記憶會在你心中盛放。每一段令人深刻的故事，最精彩的並不是情節峰迴路轉、人物刻畫鮮明，而是在你內心留下的感覺，可以是愛可以是恨，但混和情感的片段才能夠讓人觸動。文章如是，人生如是。失去可怕，然而失去卻是擁有的必經一步，這幾年不論誰，總經歷了疫情或移民的離散。離開的離開，逝去的逝去，可是回憶歷久常新，一切都不會消亡殆盡。

第三節的主歌關於失落與排解，「仲夏」一詞筆者更傾向指涉心中的記憶，承接上一段用愛去記憶，仲夏便連結了心中的熾熱。它會弱化你的某些執着和沉重的事，可能是因為分開，或者失落的傷痛讓你被深淵蠶食，可不要忘記，生命始終有着「螢鳥導向」。「螢鳥」會是你的愛，你的記憶，憑藉你用愛去對待生命旅途，迷霧總會散去。

寧靜中，我們先要重新面對回憶中的各種情感，會是痛、苦、樂、愛，無論你憶起甚麼感覺，謹記學會如何面對記憶。楊牧〈最憂鬱的事〉中有一句「不能溶解的／是記憶」，黃葉會溶解消失，新的葉子又會長出，枯榮輪流。但記憶不會溶解，若隱若現的記憶最讓人揪心，所以更應該要懂得如何保存記憶。加一點愛，好好保存回憶，才是對自己最大的一份愛。

孤獨的指南

然而，幸福過後，林家謙在〈一人之境〉的「像已找到」卻仿似露出了缺口。或許是活在孤獨卻無法一直享受其中的自由，我們總是會受大腦那不由自主的叩問，叩問自己何為孤獨，試圖在掙扎中尋找答案。如同林家謙創作〈無答案〉時，經歷一種「不知道在不安甚麼，也不懂或不想與任何人分享」的狀態。

夜闌人靜，重組一日的事物，卻梳理不出我們想要的脈絡。靜謐的空間，憂傷莫名叢生，在無盡長夜，漆黑中我們無比細小，沒有方向，沒有意義，那怕輕微的拍翼也可掀翻我們。安躺床上，解構困擾，回溯自己想要的答案，林家謙卻告訴我們在尋找答案時，亦教我們細想，答案是否真的重要。

自靜謐誕生的孤寂，林家謙在主歌建構了一個極為靜謐的世界，是都市難得的沉默，卻是撩動我們胡思亂想的起始。我們的脈搏和心跳反噬聽覺，強調只有自己的存在，更讓我們需要找到想知道的結果，那怕無用。同時，心跳聲便是「盤問究竟」的兇手，是從心裏一下下敲動靈魂的疑問。

進入主歌前，林家謙刻意在編曲融入似鳥或昆蟲的翅膀震動聲，讓筆者回想〈Shall We Talk〉有一句「大門外有蟋蟀／迴響卻如同幻覺」，只有無聲，方能將微弱的震動縈繞耳邊。如洪流的孤獨自聲音而生，世界無人和應，僅有燈光和浮塵這些房間的死物跟隨自己的跳動。

「憂鬱對抗孤寂」是極為殘忍的一句，所有的痛苦已凝聚到孤獨者的沉默中，當以負面的情緒抵消負面的情緒，卻發現情緒不是負負得正。都市的日常剝落，不喧鬧，無答案，無路可循，身處四無依傍的處境，讓我們感到孤獨與虛無，亦正是歌詞後來寫到的「心空」。

這種自我孤獨延伸到人際，低落的情緒來襲時，我們都嘗試過避開他者入侵自我的世界，恐懼與人接觸。躲藏被窩中的我們將前面的燈光隔絕在外，但在自然面前我們無處可藏。與月光相對，就只有自己和月亮，林家謙卻沒有李白那「對影成三人」的樂觀，反倒是一種天與地分隔的孤獨，千年獨一的月凝視自我，彼此孤獨，自己想隱藏一切不安，卻無法在世界面前掩飾。

到後來主歌林家謙繼續運用天空的意象，亦能看到心境的轉變，從唯一的月亮延展到繁星，「我」無法承受內心沉重的孤寂，一次次無法彌補的遺憾成為情緒黑洞，幾近將「我」吞噬。「把星空數一遍」是「我」希望接通外界的證明，由月亮島數不盡的星，下一句「響咹」便從滿是死物的房間轉移到窗外有人的響應，與我們待到破曉。「不要說晚安」便帶出副歌「雙眼合上」的崩塌，逃避閉眼後從內在滋生的陰霾。這一節用客觀的視角來看，「響咹」不過是街外駛過的汽車，而星星亦沒有自主意識，因此讀到溝通與否，更取決主觀是否接納他們進入內心，掩蓋一直質問自身的心跳。

但我們不需尋找未知意義的答案，副歌的「雙眼合上」與「張眼望見」概括了整個夜晚，尚未入睡已然籠罩在憂鬱的影子下，睡眠亦逃脫不了寂寞的黑洞。當未尋得真正的答案時，我們只能在心中設想上萬個如果，正如歌詞所寫，這些無根據的猜想只會在我們的腦海幻化成無數個「沒可取的答案」，而這些衝擊心靈卻無法證實的答案只會讓人更加心癢難耐，情緒反復在未知中拉扯，與世界隔斷的落差就讓我們選擇躲進孤獨的被窩自我消化。

答案真的重要嗎？真能夠主宰我們一切？一念生，無明起，這種鬱結並不只有歌者一個獨有，誠如歌詞所寫「幾百萬個背影中墮落／於那霓虹映中交錯過」，這種孤獨是城市各人的孤獨，在霓虹都市絢麗，靈魂卻在夜裏被鋼筋囚禁，惶恐、不安、想要掙脫窘境，這些未知的答案鎖住我們情緒調節的機制，讓人忽略如何理解不安和孤寂。即便得到答案，也是那一刻的事，當得到夢寐以求的答案後，這件事卻又進入落幕。一切相對，得到同樣會失去，甚至答案未如所想，看似消解心中石頭，卻可能有另一塊石頭降下，如薛西弗斯，永無止境，徒勞無功。

「感覺再累都不懂為何」，在苦思冥想一切的答案時，又有否想過未必一切皆有答案？有些事總梳理不清因果，所有人和事亦同樣，這導致我們在一些關係裏總會毫無道理地開始與結束，既然如此，倒不如歌詞言「躺好」，看着人來人往便好，藏在背後的那雙手，就不必執意敲定是誰，安好一覺又天明。

美國心理學家克拉克．穆斯塔卡斯（Clark Moustakas）指出，孤獨的人，如果允許自己孤獨的話，就會在孤獨中認識自己，創造一種與他人有根本關係的連結或感覺。〈無答案〉從孤獨教我們釐清尋找答案的意義。我們渴望「知道」，卻不明瞭「知道」的意義。每一個人都是孤獨，關係亦無法將之消除，但自己可以藉愛彌補和分擔孤寂帶來的痛苦，海德格曾說：「孤獨的靈魂是漫遊的靈魂」，沿着自己的道路漫遊心靈，一味處在喧鬧之中會讓我們缺乏停頓的時刻，有時候沒有答案亦非壞事，對世間四無掛搭，做完即捨，或許是人類孤獨的其中一種意義。

用愛創作的「探險家」

若要筆者概括，林家謙是一位很有愛、很細膩的創作者。在他的歌曲評論下，多是他以療癒，以其自嘲喃嘸的聲線，撫平聽者的不安。除了聲線，他在歌曲注入的靈魂才是救贖樂迷的一抹暖光。林家謙化身為清風，流轉在他的歌曲中，以其自填自唱的歌詞，帶出孤獨者的期盼，像他訪問所言：「儘管我覺得『ISFP』嘅人平時大部分傾向摺埋，好收埋自己，但其實都希望有聆聽自己心聲嘅耳朵。」有時候，孤獨並不可怕，面對心空，或許只需尋找自己的糊塗魔藥，當一個幸福的，傻更更的你。

樹影中的陀地歌姬

Serrini

Serrini 的創作一直被冠以風格大膽、主題多樣，富有香港情調的小清新、淡然的壓抑陰鬱或是如「樹仔」般的樂觀正能量，統統難不到她。

而在 2020 年後，不難發現「樹」這一個意象，頻繁出現在其歌曲。有着「樹妮妮」別稱的她，歌詞裏的「樹」難免讓人覺得帶有她的身影，如她在訪問中曾言：「我很清楚我唱歌、創作，要面對的是我自己，以及喜歡我作品的粉絲們……可是其實作為歌手，最重要是你會唱歌、寫歌，懂得如何跟人溝通。」她所創作的歌曲，抒發真實情感，不光面對聽眾，更是反照自己的內心。

樹的化身

〈樹〉這首歌以樹命名，詞中卻半分不見樹。誠如上文提到，樹與 Serrini 在其作品中可說相互為代言人，而〈樹〉便是 Serrini 寫出的一段情感。兩段主歌以「相愛的」、「可愛的」、「深愛的」、「不愛的」幾種愛情配搭「不見得」作論，由此帶出愛情的狀態無法預測。無論是兩情相悅、愛得火熱，抑或毫無火花，都未必始終如一。對於 Serrini 來說，愛情難以預測，即便相愛，也可能會有他者出現，即便沒有感情，卻可能陰差陽錯產生感情。這種狀態便和樹一般，悉心栽種是否就能開花結果？野外的植物無人特意照料，卻能茂盛生長，愛情和植物的生長一樣，即使有愛，兩人的關係始終會受到生活中不同的侵擾。而 Serrini 從芸芸植物中挑選「樹」作為歌名，更為歌曲添上更濃厚的個人色彩。

主歌另一個部分強調「我」。由傲慢到熱情、沉默到有心，Serrini 用了一系列的負面情緒鋪墊，在關係中自己仍舊對愛抱有希望。樹生長後未必有花有果，一段感情一直發展，未必能有一個美滿的結局，但恰如 Serrini 所言，「『樹』能參天，也能盤根成魔法洞穴。」一段關係不一定可以修成正果，但總能慢慢讓人成長成一棵參天大樹。而列舉的不同情感狀態，則如深埋地下、盤根錯節的樹根，捉摸不透，既然未能鎖定結局，即使艱難的過程亦可創造魔法，扭轉乾坤。

其實從副歌結尾可以看到，Serrini 對於感情是熱情、細膩。副歌強調熱吻過後，發現愛的力量強大，而且自己的確無法放手，「哪個我會有志氣放手？」「哪個結尾有愛到永久？」

盛世以後可會有　戰火湮沒地球？
餘生不可相見　情願沒邂逅
但無人沉迷像我　野火熄滅後
洪荒捲走的我　哪個結尾有愛到永久？

最後一段副歌 Serrini 以盛世比喻愛情，湮沒是她發起疑問，這段感情會否終結，若會，就情願不開始這段關係。可看出情感對於她來說好比世界重要，甚至感情告終，或許又如野火一般，一股甜蜜的風吹過，愛的熱情便能夠再度復燃。甚至，到歌詞最尾，Serrini 仍舊叩問，究竟有沒有一場愛能夠永久保存，猶如在 MV 末段 Serrini 演繹的詩歌，當中「至活在片刻的真實／還是浸沒幻象裏？／你我繼續靠近／沒有找到答案／沒法找到答案」。或許她也知道，愛如幻象，難以恆定，像愛情由新苗開始成長，但沒人能保證會否變成大樹。但她自覺自己的愛能變成漫山的植被，不斷重生。

樹，不單是感情，更是她自己，一場從愛中尋覓成長的旅程。

追求真美

同年 Serrini 繼續就成長的主題推出〈樹木真美〉。歌詞盡展 Serrini 的個性，混雜英語、口語，甚至粗口。

歌詞提到的英文多與情緒和心理學有關，例如「Rumination」（反覆思考）、「Therapist」（治療師）、「CPTSD」（複雜性創傷後壓力症候群）、

「OCD」(強迫症) 等。站在創作的角度，Serrini 希望寫出自己成長的經歷，而這些專有名詞，尤其病學較為冗長，轉化為英文後無疑使歌詞較為順口，亦避免因這些專有名詞而令歌曲變得怪異。縱然以中文形式寫出這些專有名詞亦無不可，但〈樹木真美〉的核心並非圍繞這些心理學相關名詞，如此，專有名詞在歌詞就變得悖逆，相反以英文方式唱出，既有 Serrini 一貫的風格，同時不會破壞歌曲演唱的韻味。而歌詞「哭𡃁咗」也是 Serrini 風格的展示，在歌詞加入粗口，是其無懼展現自己的表達，亦更貼近香港人生活語言，可說是當之無愧的「陀地歌姬」。

〈樹木真美〉的核心在於真與美。根據 Serrini 在《onlyliveonce magazine》的訪問所言，「真美是 real beauty ，其實也是 love ，是 self love 嘅狀態。」，「真」是內心的真摯，做真實的自己，自然能夠展示自己的「美」。筆者認為 Serrini 言及的「美」是對自己的自信，「美」很主觀，每個人都有不同的美學和審美觀，我們難以滿足所有人，正如 Serrini 提過自己小時候渴望得到別人的認同，長大才發現最重要的是認同自己，只有相信自己，才能展示自身的「美」。

「真美」亦能雙關作真的美麗，配合歌名〈樹木真美〉，可以看到 Serrini 自信的表現。同時，在副歌的「真美」也是 Serrini 自身，副歌「真美醒了麼／普宇宙試煉我」，此句可以理解作內心真善美有否覺醒，也是在叩問自己醒悟了嗎，不應該再讓生活的煩惱侵擾自己。最後一段副歌「只要信／啊真美真美／就能經過」以同樣的形式將兩個「真美」拼於一句，既可以理解為代表 Serrini 的「真美」真的美麗，亦可以理解 Serrini 認為要相信真善美是美好的，值得追求，其中同樣可以蘊藏 Serrini 認為自己只要追求真善美，便能跨過人生的坎，而上述三種解讀皆切合〈樹木真美〉的價值觀，踏出困境的第一步，就是自信。如果因為生活挫折而放棄以真摯面對世界，就恍如逃避自己，俗套一句：只有相信自己擁有「美」，別人才能看見你的美。

〈樹木真美〉述說由懷疑自己到認同自己，追求「真美」的歷程。

主歌部分主要圍繞「我」，談及自己偏執且想法負面，會不斷回想記憶的痛處，「反芻思維」讓人變得泥足深陷，如同一艘潛艇，卻不懂往上升，只能漸漸沉沒在海底，失去了重新審視和超越困境的機會，變成他者眼中那個怪異的人。的確，Serrini 的風格相對主流特別，亦有不少討論區網民攻擊，而 Serrini 面對他者眼中的「怪異」，其應對方法就是繼續一如既往。其實保持自己的風格並非壞事，但若果配合頭幾句來看，Serrini 秉持自己風格，換來其他人的側目，自己又會因為這些不認同而產生自我懷疑，形成惡性循環。

第二和第三段主歌，Serrini 向聽眾剖白自己需要尋求治療師處理情緒。因為自己通過各種方法仍無法紓緩自己的情緒。承接提到自己尋找治療，第三段回想自己面對 CPTSD（複雜性創傷後壓力症候群）和 OCD（強迫症）時相當痛苦，如同腦海出血，此刻回望卻覺得當初不智，為了迫使自己和世界接軌，一切的行為表情都要額外用力，日積月累就變成纏繞自己的心病。

在主歌重數以往的傷痛，副歌則是成長過後的「真美」。副歌以「荊棘」、「險阻」、「風雨」代表過往生命的傷痕纍纍，而邁過這些難關的方法便是追求「真美」。Serrini 回顧自己的成長歷程時，刻意放入過往所創作的歌曲：「更壞事情」來自〈要做更壞的事〉；「越活越惹禍」來自〈越活越惹禍〉，「最趣緻的我」來自〈趣緻的響鈴〉，我們可以將之理解成 Serrini 肯定自己的存在，紛亂的心回歸平靜，取決於自己如何思考、撥弄自己內心的存在，只能由自己內心出發，不忘初心，摒除一切使「我」徬徨的外物。如其接受訪問時曾言：「快樂是 Fuck it all，你認唔認同係其次，因為我已經認同了自己，我是最好的個體。」

在其 2024 年推出的〈樹之呼吸〉可見一斑，由「眼淚入蝕／未化開」到「我黑化都會很可愛／極傷心哭過更可愛」，傷心到滲骨蝕肉，也能看開眼前的黑，在 Serrini 的世界，黑已然是一種美學，歌詞可見延續〈樹木真美〉的心態，既然生來如此，不如接受脆弱一面，即使是他者眼中的怪胎，依然值得愛。

這便是 Serrini 的處世之道。

江湖書生
Novel Fergus

Novel Fergus 包紮頭巾，有着一副傲世地痞的形象，予人一種江湖路冷，刀光劍影的感覺。但其實他和大眾認知的 Rapper 截然不同，其作品的歌詞典雅，用字雕琢，與外在形象有着極大反差，在外形和作品的反襯下，雅與俗的界線似乎變得模糊。

自小在深水埗長大，Novel Fergus 作品所書寫的草根階層多了一份人情味，〈角度〉的「MK 唔係貶義詞／唔該你紙筆記低」便來自小時候的生活寫照。而關於黑社會，除了〈深水埗〉和〈黑水鬼〉等，〈江湖〉同樣是寫黑社會，但更突顯出其編寫歌曲的巧思。除了加入香港電影

《黑社會》的配曲，亦有一把粵劇女聲與之唱和。

提到與電影的互文，以及粵曲元素，就不得不提〈至尊寶〉和〈胭脂扣〉。

萬物有時，愛亦有時

〈至尊寶〉一曲緣起自 1995 年劉鎮偉編導的《西遊記第 101 回之月光寶盒》和《西遊記大結局之仙履奇緣》，其時由周星馳飾演「至尊寶」一角。電影中孫悟空因密謀殺害唐三藏，觀音本欲以玉淨瓶除去孫悟空，得唐僧以命相救，方才在五百年後轉世為至尊寶。

歌詞聚焦在至尊寶和紫霞的崎嶇愛情，當中「為情所困總會有幾個」正正點出電影內幾位角色陷入愛情的困局中無法抽身，甚至為愛而身消道死。電影中一句極為經典的台詞「曾經有一份真誠的愛情放在我面前，我沒有珍惜，等我失去的時候我才後悔莫及，人世間最痛苦的事莫過於此……如果非要在這份愛上加一個期限，我希望是一萬年。」而 Novel Fergus 的歌詞，就以至尊寶（或者說是孫悟空）的角度，重瞰一次這段放不下的愛情。

電影中二人在水簾洞相遇，紫霞將之改為盤絲洞，自封「盤絲大仙」。而歌詞的時光倒退呼應《西遊記大結局之仙履奇緣》至尊寶用月光寶盒回到五百年前，後句「由盤絲到花果／漫步世途」便是二人在電影相遇相愛的開始，及後的「眼淚」、「還愛到奮不顧身」到「已散席再觸摸不到你／留下體溫」則將兩人在電影的經典鏡頭盡數呈現。

至尊寶一直不願意承認自己喜歡紫霞，甚至第一次說出經典的「一萬年」時，不過是希望取回失落的月光寶盒，直到自己用心眼覺照世界，發現紫霞在自己心中留下的那滴淚，才徹底承認自己愛上紫霞。但當時他必須帶上金剛箍，變回孫悟空，才能解救紫霞。歌詞「在哪兒締結／在哪兒破裂」便連通了整套電影的因果，二人因為月光寶盒相遇，成了他們感情的開始，正因為感情的開始，才讓至尊寶被紫霞打上三顆痣而終結。至尊寶必然要變回護送唐僧取經的孫悟空，兩人因為相遇而相愛，卻因為相遇而註定無緣。因為愛，令至尊寶不得不變成孫悟空；因為愛，令紫霞甘願獻出生命。正如歌詞自我剖白「我金剛不壞／怎去共你化蝶或作情人」，戴上金箍，變成美猴，即使仍有感情，但皈依佛門的我，已然無法共對方漫步塵世，Novel Fergus 特意用「金剛不壞」這一佛門中語，既指涉孫悟空，亦帶出金剛不壞本來之意。佛身佛道無堅不摧、萬毒不侵，如此，凡塵的兒女私情又豈能繼續。「永生不滅／金睛火熱／看不出愛結局一頁」告訴聽眾，那怕是法力無邊、能改生死簿的齊天大聖，亦難以改寫這段愛情的劇本，將其變得如意。而後段深挖至尊寶的內心，「不由自主嘅去或留」和「藕斷了／絲卻在連」可以與紫霞在孫悟空身上找到的金鏈連動。筆者看來，愛上紫霞的從來都是孫悟空，至尊寶不過是孫悟空試圖逆天改命的凡身，無論是金鏈，抑或紫霞瀕死時的反應，皆可看出孫悟空那時內心深處根本放不下紫霞，故此變成孫悟空是「藕」，菩薩說要斷去七情六慾，但他內心的情絲仍未根斷。

歌詞最後的自白，可以說是 Novel Fergus 對於電影最後一幕的解讀。

如當天一念下你寶劍贈我刃沒離偏
今天怎捨你別去迫你每夜腦內湧現

困過火爐　過火惹上天觸怒
假裝糊塗上天竺路
告別了五岳歹徒

歌詞代入至尊寶，回溯當日欺騙紫霞的一幕，面對以劍相迫的紫霞，若然當初殺掉自己，如今就不會對對方念念不忘。電影結尾孫悟空元神出竅吻別紫霞後便繼續護送唐僧取經，歌詞中 Novel Fergus 認為孫悟空仍舊忘不掉紫霞，故此用「假裝糊塗」來表達最後取經的行為，從凡人變成蓋世英雄，當中代價之大，包括主動捨棄了紫霞那滴讓他徹悟的眼淚。孫悟空明白一切，他失去了自己，最後只能借城樓的武士宣洩愛意，而這一走，就再也沒有至尊寶。

Novel Fergus 在〈至尊寶〉一曲以致敬作為主調，到近年的〈胭脂扣〉，Novel Fergus 便在歌曲與電影對話中再度突破，以男性的視角重塑屬於自己的胭脂扣故事。

重歷井淺河深的愛

在《胭脂扣》中，富家少爺用對聯花牌，胭脂匣子就令得名妓癡纏一生，奈何闊少殉情不成，卻夢醒離情。對於如花，其出身成為自己心中一道坎，兩人的背景註定讓這段愛情徒添曲折。Novel Fergus 在〈胭脂扣〉一歌中，先用《胭脂扣》標誌的南音〈客途秋恨〉引入，電影初以如花女扮男裝唱出〈客途秋恨〉，顛覆其由男性懷念的經典模式，而 Novel Fergus 則以男性角度出發。特別有意思的是，在李碧華的《胭脂扣》，十二少也是熱衷於做大戲，以戲子作為歌曲的主角，是對原作的一個心思的戲擬。

故事翻轉電影的男女身份設定，以傳統戲子和大家閨秀開展故事，MV 中女方穿着一襲旗袍，卻有着性感的開胸設計以及一頭西式捲髮，這無疑為兩人的身世加上格格不入的衝突。歌詞起段寫出兩人的相遇，其中「鴛鴦落棒豈止得一對」呼應了李碧華在作品寫：「這便是愛情：大概一千萬人之中，才有一雙梁祝，才可以化蝶。」電影的如花和十二少終是無緣，而戲子和千金怕是落得同樣的收結，「洋服捲髮襯衣西褲」配合後句的「低嗓抖句相襯乎」，便揭示戲子心中同樣知道這段愛情並非門當戶對，對此有所質疑，洋服捲髮代表大家千金，而自己一介戲子穿着格格不入的西服，是否就能消除二人的門第之異呢？哪怕車夫也看出戲子的憋屈。有趣是歌詞寫的「車夫」是拉人力車的車夫，穿着西服卻坐着中式平民的人力車，已然看出戲子的身世難以攀比千金小姐。電影裏頭，如花以一身素衣拜訪十二少家人，可是妓的身份又豈是簡單一身衣着就能抹除，無論是如花還是戲子，從開始便困在門戶之別中，無法摒除。

下一節 Novel Fergus 以燈謎作問題之喻，探尋二人面對這段感情的態度。戲子對於這段感情有着疑問，自己全心投入，奈何現實中有太多阻撓，如何解決這一系列的問題，使得感情順利，是當刻渴望得到解答的事。然而千金小姐卻故意迴避，選擇繼續尋樂。無論是「我輕一勺」對「僕人補一安」，抑或「舊店大洋行」對「擺花街窄巷」，都在暗示二人身份不相對的生活，「我」要自己動手，「你」卻有僕人；「我」以中式一勺，「你」卻用西式一安；洋行與窄巷，一貴一貧之間，說明了兩人並不真的登對。

而歌詞接下來便是 Novel Fergus 對於故事的延伸，與《胭脂扣》不盡相同。歌詞提到千金離開了戲子，在法蘭西 (France) 跟舊金山 (San Francisco) 之間，僅留下模糊的「Franc」，二人就此沒了下文。

同樣以死亡呼應這段感情，《胭脂扣》電影是兩人殉情，歌曲卻是戲子一人尋死。歌詞「泊血手腕最後倔強是殘花不怕摧／落伍思想下一個個艷麗也是罪」點明戲子自殺全因和千金的愛不被對方家庭承認，視之為落伍的思想棒打鴛鴦，自己心中的委屈無法宣之於眾，只能通過死亡解脫。和如花一樣，兩人都對這份愛執着，如花死後數十年依然要等待十二少，未肯投胎；戲子自青絲到白髮，一疊以情方能量度的情信卻換來無人願顧。戲子最後依然無法放下這份愛，而如花卻在失望中，看透自己和十二少的愛情已然告終。兩人都落得予人落寞之感的下場，不過當中鬱結又不盡相同。

歌詞最後的訪客，便與百年前，鄭愁予筆下那騎出達達馬蹄聲的過客遙相呼應。這首作品繼續能見到 Novel Fergus 展示自己爾雅寫 Rap song 歌詞的特色，曲詞由自己創作，令創作空間更具彈性，由文縐到粵曲，都見證 Novel Fergus 的堅持以及對舊時文化的執着。相比數年前的〈至尊寶〉，能夠發現〈胭脂扣〉的歌詞突破了電影框架。〈胭〉基於電影和小說重新創建新的角色，重歷一次門不當戶不對的戀愛，比起如花和十二少嘗試殉情做一對亡命鴛鴦，歌詞中戲子和千金的無疾而終，更讓聽眾感到壓抑，對這段感情誕生另一種惋惜。

港產片既是 Novel Fergus 成長的重要元素，也是他創作的選擇。正如他在《18/22》〈Novel Fergus 命中註定不認命〉受訪一句，「留得越耐越好」，一套電影不會在落映後死亡，當中的每一幀、每一句，都會化成不同的生命。Novel Fergus 選擇將他喜愛的港產片以音樂形式重生，用勇氣繼續秉持自己獨特的「Hip Hop 詩人」風格，延續港產片和本地音樂的多元。

後記

給十年後的我們，好嗎？

這十年來做過的事，能令你無悔驕傲嗎？

廣東歌的快樂時代　消失了？

10 年代後廣東歌的熱潮不斷減退，年輕一眾轉投歐美日韓的音樂市場，其中尤以 Kpop 的影響力最大。面對逐漸萎靡的市場，廣東歌的產量大不如前，香港樂評公佈的數據中，2015 年發行了六百六十九首廣東歌流行曲，比之其十年前減產一倍。此外，青黃不接的現象亦令新一批年輕人難以投入廣東歌。陳奕迅、容祖兒等在 00 年代紅透香港的歌手在 10 年代初仍然活躍於各大頒獎典禮，甚至屢屢成為頒獎禮大贏家、鎂光燈的焦點（這裏絕非指斥這些歌手），這便令一些較為年輕的歌手難以打入大眾目光。大眾腦海停留在以前的香港樂壇百花齊放，對於近年的樂壇，討論區往往會出現「無聽過」的回應，一隻手絕對拍不響，在盜版唱片、外國音樂、甚至有樂壇中人亦不支持香港樂壇時，一股頹然之勢定當悄然而生。

然而，這十年出唱片、歌曲的歌手們、音樂人們，他們會後悔嗎？不知道。不論如何，筆者在此為他們感到驕傲，是他們撐起苦苦香港樂壇，致其不至崩塌。廣東歌在高峰時期佔香港唱片舖約七成收入，但現在連陳奕迅推出《L.O.V.E》一年後也僅僅錄得過了五百張銷量的數據，更遑論新人唱片的銷量。面對銷情慘淡，連鎖唱片店 HMV 也難逃清盤命運。音樂公司或歌手大可將重心放於網絡平台，放棄實體唱片。畢竟從前娛樂不多，大家會收聽電台作娛樂，那時候大眾能夠透過電台節目聽到新歌，繼而去唱片店買心儀歌手的唱片。但現在不同的娛樂設備相繼流行，串流音樂平台興起，大眾更容易接觸到不同音樂。但來得快完得快，如同劃火柴，轉眼便會忘記，若要留住忠實的聽眾，串流平台顯然並非一個最佳位置。實體與網絡均對唱片和音樂行業帶來衝擊，製作人每每心態但求不要虧損太多，也不求賺到多少。

堅持出唱片，甚至在唱片加入故事元素，令筆者知道香港樂壇並沒有「死」，尚有一群喜愛廣東歌的製作人為其注入生命力。麥浚龍將屬於音樂的藝術融入日漸商業的唱片。商業與藝術在社會層面上算是對立，尤其在香港的音樂行業，有種錯覺是商業情歌，四平八穩才能保持行業發展。然而在筆者看來這卻是個惡性循環，當不斷推出的新歌曲風或製作皆千篇一律，又如何挽留轉移喜歡外國音樂市場的大眾。反而幻國文化娛樂的出現，讓人開始將目光投放在《The Album》系列，甚至期待整個音樂故事，市場的銷量亦反映香港樂壇現在需要突破。

十年過去，香港樂壇可謂經歷低谷，但有幸一眾音樂人堅持音樂，堅持廣東歌，讓後來者有機會在不同舞台上發光發熱，縱然尚未如八、九十年代在亞洲稱雄，但廣東歌的確開始吸引香港人聽，吸引香港人的目光。

愛過這裏更清楚　廣東歌正是廣東歌

香港這個地方，值得我們去愛。其實一直以來，不少廣東歌都連接社會，如〈天水・圍城〉、〈囍帖街〉，而在這十年，香港發生許多事，不少創作者也從文化藝術角度，記錄、宣洩對香港的感情。

標題的「好嗎」乃至這段的小標題，都是源於方皓玟的〈你好嗎〉。這是一封信，一封詞人與歌者鼓勵我們的信。若你覺得壓抑，儘管先哭一場，靈魂與肉身的渴求讓我們過得辛苦，即管如歌詞那般，「趁養傷／別隨回憶折磨」，調節好自己的心態再出發。悶人的日子也得過，不要束縛自己太多，最重要留存自身，方可以重頭來過，不需躲藏，但要潛藏，學會待時而動，相信這就是詞人希望香港人學會的事。我們狠狠地愛這個地方，這個地方怪誕？對，但同時這是一個很甜蜜的家。

最近很喜歡欣宜的〈先哭為敬〉，當中有一句「以我哭乾的眼睛／對世紀之戀／致敬」這地陪伴我們經歷不同的事，從〈歡樂今宵〉的「不敢好奇沾污結尾」到「誰要用嘆息沾污尾聲」；〈下一站天后〉的「再下個車站／到天后／當然最好」到「同搭過尾班車／追盛世」；〈沙龍〉「儘量框住目／大概」到「定格在最滿足的表情」。很多廣東歌陪伴我們成長，陪伴香港變化。黃偉文呼應了自己以前的歌詞，帶我們一同回憶一場璀璨。廣東歌一直陪伴我們生活在香港，每一件事，每一滴感情都有一首歌讓我們共鳴。真的會像歌詞說的「歸零」嗎？會變成〈傾城〉的孤城嗎？其實〈傾城〉的孤城並不孤單，仍有我們陪伴。從〈傾城〉的鬱結消極，到〈先哭為敬〉的「拒絕不愛你」，這是我們要學會振作的依據。

回憶起第一次聽〈給十年後的我〉，是 YouTube 上的《Concert YY》短片。在演唱會上同台合唱的歌手，能否再次站在同一個舞台上，筆者怕是沒有可能了。這些回憶需要塵封在那段要斷不斷的歲月，來得珍貴且不噁心，只怕某天連 YouTube 也失去，那時候讓我們痛心的日子恐怕所剩無幾。

讓我們停留久些

筆者對於廣東歌的熱愛，來得不算早。記得第一首喜歡的歌是陳奕迅的〈一絲不掛〉，但那時候只不過是被其旋律嗓音吸引。後來漸漸熱愛中文，順理成章迷上歌詞，再發現原來有些歌詞需要一些經歷，才會有共鳴。廣東歌不止愛情，卻也少不了情歌。從〈粵語殘片〉到〈七折〉，我們告訴自己可以愛多少；在〈心之科學〉到〈一人之境〉我們學會獨自一人也可以。要數算，有千百首廣東歌可以代表你我心聲，從那些年的「兵歌」、「情歌」；到後來年紀漸長，思考是否要學會任我行、學會要講人話乃至蒙着嘴也要說愛你，每一首歌曲都有其創作意念，也有我們獨特的共鳴，都是屬於香港人的歌。

無論你喜歡廣東歌與否，盼你可以找到一首歌安放回憶，與之共震。如同黃偉文在《Concert YY》中說，「十年好快過」。日子催人，不經不覺又一個十年，我們需要將回憶放進你喜歡的廣東歌裏醃上十年，留待日後佐着年齡細細回味。我相信每一個十年都聽着廣東歌，便是沒有被動搖的事。

姚慶萬

與彼此的靈魂對話

—— 2020後伴你走過的廣東歌

姚慶萬 ㊔

責任編輯　Chorsei Chan
裝幀設計　Sands Design Workshop
排　　版　陳美連
印　　務　劉漢舉

出　　版　非凡出版
香港北角英皇道 499 號北角工業大廈 1 樓 B
電話：(852) 2137 2338　傳真：(852) 2713 8202
電子郵件：info@chunghwabook.com.hk
網址：http://www.chunghwabook.com.hk

發　　行　香港聯合書刊物流有限公司
香港新界荃灣德士古道 220-248 號
荃灣工業中心 16 樓
電話：(852) 2150 2100　傳真：(852) 2407 3062
電子郵件：info@suplogistics.com.hk

印　　刷　美雅印刷製本有限公司
香港觀塘榮業街六號海濱工業大廈四樓 A 室

版　　次　2025 年 6 月初版

規　　格　16 開 (210mm x 150mm)

ISBN　978-988-8913-29-9

香港藝術發展局支持藝術表達自由，本計劃內容並不反映本局意見。